〈物語と日本人の心〉コレクションⅣ

神話の心理学

現代人の生き方のヒント

河合隼雄
河合俊雄［編］

岩波書店

はじめに

戦後六十年などと言われるが、戦争ということを抜きにしても、この半世紀の間に人間の生き方は実に急激に変化した、と言うことができる。いまの生活と五十年前の生活を比較すると、どれほど異なっているだろう。衣食住すべてにおいて、かつては考えられないほどの豊富さと便利さを経験しているのではなかろうか。

そして、ここが大切なところだが、現代人は過去の人々に比べて、きわめて「幸福」になったと言えるだろうか。確かに便利で快適な生活はしているが、わが身の不幸を嘆いている人も実に多いのである。

それは新聞を広げて少し読んでみるだけでもわかるだろう。天災は別として、多くの「人災」で不幸になっている人は枚挙に暇がないと言えるほどである。親が子どもを殺したり、子どもが親を殺したり、ということもある。

かつては経済的貧困のために犯罪が生じると思われたこともあったが、貧困の解消どころか、結構、お金を持っているのに、あるいは、そのために不幸になっている人もある。

物が豊かになると、人間が幸福になるためには、それに見合うだけ心のほうもはたらかせなければならないのである。物が乏しいときは、食っていくだけで大変だったので、心のことなどあまり問題にならなかった。しかし、生活が豊かになり、生き方の選択肢が増えてくると、それに相応する心の豊かさ、心の知恵が必要になる。

ここに「知恵」と書いたことは「知識」とは異なる。どれだけ情報を集めても、たとえば父親としてここで息子にどう対処するか、というときは役に立たない。何でも金で解決できるとばかり、子どもに金を使いすぎて失敗している親も多い。

生きるための深い知恵を学ぶ素材として、「神話」がある、と私は思っている。「神話」などという古くさい、それにわけのわからぬお話がどうして現代に役に立つのだろうか。それは、人間存在のもっとも根源的なことにかかわることが、神話に語られているからである。

人間がこの世に生きていくことは、なかなかむずかしい。時には簡単な原理や考えでなにごとも解決するようなことを言う人もある。「人の心はお金で買える」と、お金がすべてのように言っていた人も失脚したようだ。

そうすると逆に、「お金など不必要」とか言う人も出てくるが、ものごとはそれほど簡単ではない。「地位も名誉もいらない」と怖い顔をしていた人が、実際にそれを手に入れると急ににこにこしだしたりする。それが人間というものらしい。

原理や原則で言い切れない、逆説に満ちた真実を表現するには、「物語」という形は非常にぴったりである。そして数ある物語のなかでも、「神話」は人間や世界の成立に立ち返ってまでの語りであるために、学ぶことが実にたくさんある。

しかし、現代人は「物語」の読み解きが下手になっているように思う。科学・技術の急激な発展のために、便利な器機がつくられ、「マニュアルどおり」にすれば望ましい結果を得られる、とすべてのことについて思いすぎるようになったためである。マニュアルを読むのにその人の人間性や人格は不要で、知的理解だけで十分である。そのような態度で神話を読んでも何も理解できない。

人間は、物でもないし機械でもない。そのことを忘れて、「ハウ・ツー」式の書物を求め、それによって生きようとしても、結果的にはうまくいかない場合が多いのではなかろうか。

これに対して、「物語」は読むのに人間全体の力が要る。したがって、神話の読み解きは、人によってそれぞれ異なる、と言ってもいいだろう。

ここに述べているのは、「私の読み」であり、読者はそれをヒントに自分の読みを見いだし、自分の生き方について考えてくださるといいと思う。

本文を読むとわかってくださると思うが、神話が人間に対していかに深い知恵を与えてくれるか、計り知れぬものがある。

本書は人間の心の理解に焦点を当てて神話を読むためのほんの入門であり、本書によって興味を持った方が、世界のいろいろな神話に挑戦していただくと幸いである。それは現代人の生き方に思いがけないヒントを与えてくれるものである。

本書の内容は季刊誌『考える人』(新潮社)に二〇〇二年夏号より二〇〇五年春号まで「神々の処方箋」と題して連載したものである。今回、書物にするに当たっては、『神話の心理学』と題名を改め、構成もあらたにして、加筆訂正を行った。

本書の成立に当たっては、全体の企画や構成などにもかかわっていただき、大和書房第二編集局の古屋信吾、猪俣久子の両名の方にひとかたならぬお世話になった。ここに心からお礼申しあげる。

また連載中お世話になり、本書の出版に同意してくださった新潮社の編集者の方にもお礼申しあげたい。

河合隼雄

目　次

第二章　ことのはじまり

第三章　「男と女」の深層

第五章　生きた知恵

第一章　不安や孤独の原因

何とも誰ともつながらない

人々を不安に陥れるような事件がつぎつぎに起こっている。スーパーでの買物中に、赤ちゃんが頭を包丁で刺されて殺害された事件があった。あるいは、学校に入りこんできて、教師を殺傷した事件があった。

これらの事件で、まったくやり切れないのは、加害者の動機が不明確であり、このような突発的な事件に対して、どう対処すべきか、簡単に答えが出てこないことである。小学生が同級生を殺害した事件もあった。

このようなことがあると、人々の不安がかき立てられる。

自分の子どもは大丈夫だろうか、という相談の電話がかかってくるのだが、自分の子が「加害者」になるのではないか、という相談があんがいにあって驚いてしまった。自分の子どもが何か大変なことをしてしまうのではないか、と心配になる、というのである。

昔は「うちの子に限って」という親の自信があり、それが過信となって困ることがあったが、現在は、まったく逆にわが子を信じられない親が増えて困っているのである。

このことは、別に自分の子どものことではなくとも、日本人の多くが何かはっきりとしない不安をかかえていて、それに脅かされているために、何らかの事件が起こるとそれに触発されて不安が強く意識される状態になっていることを示しているのではなかろうか。

マスメディアの論調もなんとなく不安をかき立てるようなもののほうが受け入れられ、安心や安全を強調するものがかえって敬遠されるような傾向がある。

日本の犯罪が増えたと言っても、アメリカと比較すると比べものにならぬほど少なく、都市の安全度という点では、日本はまだまだ外国に誇れるほど高い、などと言っても、あまり耳を傾けてもらえない。それは、国民の一人ひとりが感じている漠とした不安感とマッチしないからだと思われる。

このような一般的不安の根本に「関係性喪失」ということがある、と思う。ふと気がつくと、自分はまったく何とも誰ともつながらず孤独なのである。言うならば、日本的つながりも、欧米的なつながりもなく、まったく孤独なのである。

日本の伝統的生き方によると、人は家族、世間、地域などのなかで、なんとなくつながって生きてきた。自分を取りまく事物とも関係があった。

これは安心感という上では望ましいことだが、「個人の自由」ということを考えだすと途端に大変な「しがらみ」として感じられるものである。

欧米の思想に強い影響を受けて、日本人は——特に若者は——このような「しがらみ」を切って自由になろうとした。そして、「しがらみ」を切ってしまって、ふと気がつくと、まったくの孤独になっていた、というわけである。

これは、日本人は欧米の文化を取り入れているつもりで、個人主義の背後にあるキリスト教の存在を、まったく不問にしているために生じることである。キリスト教文化圏において、個人主義、自由主義が生まれてくるためには長い歴史があり、個人を尊重する考えが生まれてきても、その個人は神とのつながりを失ってはいない。

個人主義は神とのつながりによって、利己主義になることを防げるし、各人は神を介《かい》してつながることになる。とは言っても、現代の欧米においては、以前ほどキリスト教の力が強くないので、日本と同様の問題を持つ人たちもいるが、ここではそのことには触れないことにする。

日本人は、いまさら昔のしがらみ状態がよかった、と言うわけにいかず、個人が大切と言いつつ、何のつながりも支えもないままに、不安をかかえて生きている、というのが現状ではないだろうか。

「私の木」を見つけた

この世に「私」という人間が存在している、というのは考えてみると不思議極まりないことである。誰も、自分の希望や意思によって、この世に生まれてきた者はいない。気がついてみると「私がこの世にいた」ということになる。

生まれてくる国にしろ家にしろ、きょうだいとの関係にしろ、すべてが選べないことは既成の事実なのだ。それでも、子どもたちはそれらを自明のこととして受け入れて生きている。

しかし、子どもたちは四歳くらいになると、自分が「死ぬ」存在であることを知るようになる。

子どもたちは、あんがいこのことを話さないが――おそらく、言ってみても仕方のないことも知っているためか――実はよく知っている。これは、なかなか大変なことだ。

子どもは十歳くらいになると、この世に「自分」という他と異なる存在がいるのだ、ということを認識する。親ともきょうだいとも友だちとも異なって、「唯一の自分」

というのが、この世に存在している。これは実に恐ろしいとも何とも言えぬ認識である。

そのことに気づくと、子どもは不安を感じ、それまで一人で寝ていたのに、急に一人で寝るのを怖がったり、夜中に一人でトイレに行くのを怖がったりする。

このようなとき、両親が怒ったりせずに、それを許容していると知らぬ間に元のようになるものだ。

しかし、子どもの頃のこのような体験を成人してからも記憶している人は少ないようだ。だが、中学生、高校生などに質問してみると、多くの子どもたちは、この体験を記憶している。

考えてみると、人間が生きていくということは大変なことである。自分という唯一の存在はいったい何によって支えられているのか、しかも、必ず死ぬとなると、死んでからはいったいどうなるのか。人間の一人ひとりがこのような根元的な問いをかかえて生きている。

人間はこのことの解決のために、さまざまな宗教を持ち、風俗習慣と言えるようなものも、あんがいこのために役立つ工夫がなされており、それぞれが心の「平穏」を保って生きてきたのであった。ところが、現代人の多くはそれらを棄《す》て去って生きようとしている。特に日本人はそうではないだろうか。

一生懸命にお金を稼ぎ、便利で快適な生活を楽しんでいる。まったく幸福そうに見えるが、「あなたを支えているものは何ですか」と正面切って訊かれたときに、答えられるだろうか。

人々は「忙しい」を連発して生きているが、それは少しでも暇ができて、根元的な問いが心のなかに浮かんでくるのを防ぐために、無理して「忙しい」状態をつくりだしているのではなかろうか。まさに自転車操業的人生である。

「私を支えるもの」として、「世界の平和」とか「人類の幸福」などというありがたいものは、あんがい力にならないのである。

時にそういう人もあるが、支えの性質があまりにも一般的すぎて、特に「ほかならぬ私」の支えとしては、力が弱いのである。そして、時にはほかから見ると、ばかげて見えるようなことでも、ある個人にとっては実に力強い支えとなる場合が多いのである。

思いがけない不幸の連続で、職も失い、人とのつきあいも急激に薄れ、この世の幸福ということとはまったく縁がないかと思われるような人があった。

未来への希望がなかなか見いだせないままに、この方と私は面接を続けていたが、あるとき、晴れやかな顔をしてこられ、近くの公園の林のなかを散歩しているとき、「私の木」を見つけたのだと言う。

林のなかを歩いているうちに直覚的に「私の木」が見つかり、それ以後は、一日に一度はそれに会いにいくことにしているし、そこから自分の人生も変わったように思うとのことであった。

私は大変嬉しかった。そして、すぐに大江健三郎さんの『「自分の木」の下で』(朝日新聞社)という私の好きな本のことを思った。

大江さんはこの本のなかで、大江さんの故郷では、森のなかに必ず「自分の木」がある、という話を紹介され、大江さんが子どものときに、その「自分の木」に会いにいくと、年をとった大江さんの姿があらわれ、いまその木に会いにいくと、自分の子ども時代の姿があらわれる、という印象的な話を語っておられる。

一本の木が一人の人の存在を支え、その木をめぐって、一人の人の人生が展開する。「私の木」を見つけた、と言われた方は大江さんの本のことなど、まったくご存知ない。しかし、ある人を支える物語というものは、不思議な普遍性を持っているものなのだ。だからこそ、荒唐無稽とも思われる神話や昔話、伝説などが時代を超えて多くの人に共有されるのである。

私は心理療法家として、苦悩している他の人たちの支えに自分がなる、などということはできないことをよく知っている。その上で、辛抱強く、希望を失わず、ともに苦しんでいると、このようにして、その人を支える存在が生じてくるのである。

私よりも一本の木のほうが、ある人の支えとしてはるかに十分に機能するのである。そして、それはきわめて個人的なものでありながら、どこかで普遍的なものにつながっている。

「関係喪失の病」に苦しむ

どうして現代人は孤独に陥りやすいのか。この点について考える、ひとつの重要な観点として、「科学の知と神話の知」ということがある。哲学者の中村雄二郎が『哲学の現在』(岩波新書)において、明確に論じていることを参考にして考えてみよう。

現在は科学技術が発達し、人間はこれまで考えられもしなかった多くのことを可能にした。地球の外に飛びだし、月に人間が行くことになったし、生命現象や遺伝子についてもどんどん新しい情報を得ている。

昔は宗教の力に頼り、神に祈ったりしても効果のなかったことが、いまは科学技術の進歩により、どんどん効果をあげている。病気のことを考えてみるとよくわかるが、神に祈ってもどうしようもなかったペストなどの多くの死者を出した伝染病が、医学の力によって治癒するようになった。

したがって人々は、「迷信」に惑わされず、科学技術に頼るようになってきた。そして、自分たちは科学技術の力によって何でもできるし、それ以外のものは不必要と思うようになったのではなかろうか。

われわれが現在頼りにしている科学や技術においては、研究者は研究する対象とは関係がない、ということを前提としている。研究者と研究する対象との間に関係がなければ、そこに見いだされる法則は、「普遍的」なものとなる。

これが科学の偉大さである。このような「科学の知」を生かして、人間はいろいろな対象を自分の思うままに支配したり、操作したりできるようになる。

ところが、人間は何もかもを自分から切り離した世界のなかで生きていくことはできないのだ。

たとえば、最愛の人を事故で失った人が、気持ちが沈んで何もできなくなる。「彼女はなぜ死んだのでしょう」と問いかけるとき、「科学の知」による「出血多量」などという説明は、決してこの人の心を満足させないであろう。

科学の知は、自分と関係のない人間という者の死について述べている。しかし、この人の欲しているのは、「ほかならぬ彼女」という自分との関係ある存在の死についての答えなのである。

中村雄二郎は「神話の知」について、つぎのように述べている。「神話の知の基礎にあるのは、私たちをとりまく物事とそれから構成されている世界とを宇宙論的に濃密な意味をもったものとしてとらえたいという根源的な欲求であり……」

「神話の知」によって、私と私を取りまく人や物が宇宙的秩序のうちに意味を持つことになる。「私」は孤独になるはずはない。強力な意味のネットワークによって、しっかりと支えられているのだ。

昔の人は、そのような支えのなかで安心して生きていた。死んでから行くところについても「神話の知」は答えを提供してくれた。死んでからのために、生きている間に大いに努力して準備する人も多かった。この人たちは死を恐れる必要はなかったし、落ち着いて生きていくことができた。

しかし、「神話の知」のみに頼っていると、人間の生活は神によってすべて決められたものであって、そこに変化はないし、人間の自由意思もなくなってくる。

人間が自分の自由意思を尊重し、特に「進歩」などということを考えはじめると、「神話の知」は人間を束縛するものとして感じられる。そこで、近代になって「進歩」

を大切と考えるようになるにつれ、これまでの「神話の知」をどんどんと棄てて、「科学の知」に頼るようになった。

ヨーロッパにおいては、このような過程が長い期間を通じて生じ、その間にいろいろと多様な道を探りながら進歩してきたので、「科学の知」が大切と言っても、人間と「神話の知」とのかかわりを完全に切ってしまうようなことはせず、いろいろと「関係」を維持する工夫を残しながら現在に至っている。

これに対して、日本は、近代科学がその姿を相当明確にしてから、一挙にそれを取り入れたので、「科学の知」がどんどん「神話の知」を壊し、日本の現代人で、最初に述べたような「関係喪失の病」に苦しむ人が多くなったと思われる。

「神話の知」が消失することは、この世から「聖域」がなくなることにつながる。

これまでのわが国において、小学生とか無垢の赤ちゃんなどは、一種の聖域として、犯罪者も無下《むげ》には手をつけられない領域であったのだ。だから、取り立ててそれをどう守るかなどということを意識しなくとも、それは安全なのであった。

しかし、現在はそのような「聖域」にも暴徒が平気で侵入してくるようになった。人間は「進歩」の旗じるしによって、いろいろなものを手に入れると同時に、それに見合う代償も多く払っていることを認識しておく必要がある。

無意識内に存在する「神話産生機能」

現代に生きるわれわれとしては、いかにすればよいのであろうか。現代の快適な生活を享受する者として「科学の知」はもちろん大切である。しかし、それだけが真であるとして、それだけに頼るべきではなく、自分が自分の人生を歩んでいくのを支える「神話の知」を見いだす努力を忘れてはならない。

スイスの深層心理学者、カール・グスタフ・ユングはこのことを「おまえは、いかなる神話によって生きているのか。おまえの神話は何か」という自分自身への問いかけとして感じた、と言っている。

個人主義というのは大変なことである。それまでは共同体によって共有する「神話の知」によって安心感を得ていたのに、自分一人の努力によって、自分を支える「自分の神話」を見いださねばならないのだ。

この重荷に耐えられなくなると、誰か強力な「神話」を提供してくれる者の下に集って、安心を得ようとすることになる。しかし、その「神話」は時に危険極まりないものになる、ということは、オウム真理教の事件などから考えるとすぐわかるだろう。

心理療法家としては、「関係喪失の病」によって訪れてくる人にどう接したらよいのであろう。訪ねてくるクライエントと心理療法家の共有する「神話」がもはや存在しない、というところから出発しなくてはならぬところに、われわれの困難さがある。それでは、心理療法家は何を頼りに仕事をしているのだろう。それは各人の無意識内に存在する「神話産生機能」に頼っている、と言えるだろう。

深層心理学の発展の軌跡を丹念に追って、アンリ・エレンベルガーは『無意識の発見』(上・下、木村敏・中井久夫監訳、弘文堂)という名著を出版したが、彼はそのなかで、この人間の無意識内にある「神話産生機能」の重要性を強調している。

これはエレンベルガーによると、十九世紀イギリスの詩人、フレデリック・マイヤーズの造語らしいのだが、これをエレンベルガーはつぎのように説明している。

神話産生機能は「意識の閾下にある自己の〝中心領域〟であり、内面のロマンスの何とも不思議な制作がここで恒常的に行われている。……この概念においては、無意識は物語や神話の創造に恒常的に関与しているとされる。この営みは無意識のままに留まることもあり、夢の中だけに現われることもある。時には、それらは、患者の心の背景で自然発生的にくりひろげられる白昼夢という形となる。また、時にはこれらの創作が、夢遊病、催眠、憑依、霊媒のトランス状態、学習虚言症、あるいは一部の妄想という形態で表現化される」。

これを見てもわかるとおり、神話産生機能ということが、いかにも「うさんくさい」ことや「危なかしい」ことに深く関係しているのをよく認識していなくてはならない。だからと言って、これを否定してしまっては、人間が安心感を持って生きていくことができないのである。

しかし、どのような人であれ、その無意識内に神話産生機能を持つ、ということがわれわれに希望を与えてくれる。だからこそ心理療法家は、誰から見ても望みがないように見える人に対しても、自分が答えを持っているわけではないが、希望を失わずにともに歩むことができるのである。

もちろん、クライエントの神話産生機能の表現を知るために、夢を聞いたり、絵画を描いてもらったり、箱庭をつくってもらったり、時には物語を語ってもらったりするのであるが、エレンベルガーも述べているように、妄想や白昼夢などの症状も、時には意味あるものとして尊重する態度も持っている。そこから見いだされてくる、その人の神話に注目するためである。

オウム真理教の例でもわかるとおり、「神話の知」の持つ危険性については、心理療法家はよく認識しているべきである。この点で、心理療法家は高い倫理性が要求される仕事なのである。

個人の無意識から生みだされる神話と言っても、無意識の持つ普遍的な性質のために、それは個別なものでありながら、普遍的なものにつながっていく。

すでに述べたように、「私の木」というテーマが、まったく独立に異なるところに生じてくる。このため、時代や文化の差を超えて、まったく思いがけないところに類似のテーマが認められることになる。

たとえば、現代の日本人の夢に出てきた大切なテーマが、古いケルトの昔話に見られる、というようなことがあっても不思議ではない。

このため、古来からある「神々の物語」について知ることは、単に古い珍しいことを知るというのではなく、現在に生きる知恵をそこから引きだすことが可能になってくるのである。

神々は気ままにふるまう

人間世界では殺人は悪である。それでは神々の世界ではどうなっているだろう。日本にもよく知られているギリシャ神話を見てみよう。ギリシャ神話の主神はゼウスであることは、周知のことである。このゼウスの親子関係について見ると、彼の父親、クロノスというのが何とも凄まじい。

クロノスとその妻レアーの間につぎつぎ子どもができるが、クロノスは自分の子に自分の地位を奪われるのを恐れて、生まれた子をつぎつぎに呑みこんだ。子殺しもいいところである。

スペインの画家、ゴヤの描いた、子どもを呑みこむクロノスの絵を印象深く見た人も多いことだろう。

ところで、レアーは最後にゼウスを生んだとき、石を子どもに見せかけてクロノスに呑みこませて、ゼウスを助ける。

ゼウスは成長した後にメーティスと結婚し、彼女からもらった薬をクロノスに飲ませて、呑みこんでいた子どもたちをみんな吐きださせた。

「子殺し」などと言ったが、また吐きだされてきて、生きるのだから、このあたりは神話の都合のいいところである。

ゼウスは父親の腹から出てきたきょうだいたちと一緒になって、クロノスたちを滅《ほろ》ぼして、自分たちの世界にする。ここにも、親子の争いがある。

「呑みこむ」と言えば、ゼウスも大変なことをやっている。彼はメーティスと結婚するが、メーティスから娘が生まれた後に生まれる男の子が、ゼウスの王位を奪うだろう、という予言を知り、メーティスが妊娠したときに、メーティスを呑みこんでしまう。

ここにも、息子に自分の地位を奪われる可能性と、「呑みこむ」ことによって父親がその難を逃れようとするテーマが見られる。

ついでに、この話の続きをしておくと、ゼウスに呑みこまれたメーティスの月が満ちたとき、ヘーパイストス(ゼウスの正妻ヘーラーの子)がゼウスの頭を斧で割り、そこから、ゼウスとメーティスの子どもであるアテーナーが、完全に武装した姿で飛びだしてきた、という。

ここに少し紹介しただけでも、神々のふるまいが実に常識と異なることがよくわかるであろう。

もっとも、呑みこまれた人間が生きていたり、父親の頭から娘が生まれたり、となると人間業では不可能だが、父と息子の互いの対立、そして殺人となると人間世界にも起こることである。

ゼウスの行為で、もうひとつ常識破りなのは、その男女関係であろう。

ゼウスの交わった女神やニンフ、それに人間の女性を全部あげるとなると、モーツァルトの歌劇「ドン・ジョバンニ」のなかの「カタログの歌」のように、カタログをつくらねばならぬほどである。

ヘーラーが彼の正妻であるが、ヘーラーはゼウスの女性関係を知ると、激しく嫉妬《しっと》の火を燃えたたせる。それもまた常識破りの激しさである。

ゼウスのたくさんの女性関係のなかで、特に人間の女性、レーダーやダナエーとの場合、彼が白鳥や黄金の雨に変身して接近していくので有名である。

これらは西洋の名画に描かれているので、ご覧になった方も多いことであろう。人間の男性も「変身」が可能であれば、変身して会いにいきたい女性がいるのに、と思うのではなかろうか。

心の奥にオイディプスがいる

ここに少し紹介したように、神々のふるまいは、まったく凄まじい。人間の常識や良識とか言われるものを、さっぱりと無視してしまっている。

古来、毒をもって毒を制する、という言葉があるが、神々の破天荒な行動は、毒をもって毒を制する効用があるかもしれない。これはつまり、相当な劇薬なのだ。したがって、さじ加減がむずかしい、ということになるだろう。

困難な病気に有効かもしれないが、ひょっとして、人を毒殺することになるかもしれない。

先ほど、「変身」して女性に会いにいきたい男性もいることだろう、などと述べたが、「変装」して逢引きをする男女は、人間世界にちゃんと存在する。おまけに写真までとられ、変装の化けの皮がはがれたりすることもある。

こんなことを見ると、神々の「変身」の物語は、人間の「変装」の元の形をあらわしているのではないか、と思われる。

クロノスとゼウスの神話を少し紹介したが、人間世界でも、父親と息子の間に葛藤があったり、自分の地位を子どもに取られないかと心配したり、あるいは、息子を「食いもの」にしている父親などは、たくさんいるように思う。

父と息子の間の心理的葛藤から派生する人間の心の無意識内のしがらみに、オーストリアの精神医学者、フロイトが「オイディプス・コンプレックス」と名づけたことは、いまなら周知のことである。

この命名に用いられた「オイディプス」は、ギリシャ悲劇の主人公である。そのもともとの話は神話であったとも考えられる。

このように考えてみると、「ディアナ・コンプレックス」のディアナはローマの女神であるし、「カイン・コンプレックス」のカインは『旧約聖書』の登場人物である。どうして現代人の心の分析に、神話や古い古い物語の登場人物の名が用いられているのだろう。

これは、現代人のなかの現代人といえども、その心の奥には、オイディプスやディアナ、それにカインなどが住んでいると考えられるからではなかろうか。そう考えるほうが、心理学の堅い言葉で、「あなたはきょうだいに対しての強い攻撃性を抑圧しています」などと言われるよりはるかに、実感的に自分の心の様子が感じられるからである。

このような内界の住人たちは、普段は心の奥底に沈んでいるのだが、何かの加減で突然、人間世界に顔を出してくる。そうなると、その人はまるで、ゼウスに取りつかれたり、ヘーラーに取りつかれたようになって、「常識では考えられないような」悪事や犯罪をはたらくことになる。

大きい事件の後で、新聞を読むと、「あの人がこんなことをするとは思いもよりませんでした」というふうな近所の人や、知人の感想が紹介されている。時には、本人自身も「こんな思いがけないこと……」と思っていることもあるだろう。

人間は生きていく上で、自分の「内界の住人」についてもう少し知っておく必要があるのではなかろうか。もちろん実生活において、誰と友人になるのかを考えたり、自分の上司がどのような類《たぐい》の人間であるかを考えることは必要であるが、それとともに、内界の住人とのつきあい方を考えることは大切なことである。

答えを見失ったまま

このように、神々についての物語を人間の内界の住人についての物語と考えてみることも可能ではないか。ということで、現代人のわれわれにとっても神話は多くの示唆を与えてくれるものである。

ところが、いまでは一般には「神話」などというと、ばかにされることのほうが多い、と思われる。何かの考えを非難するときに、「××神話」とか「神話のような」と言うことがある。それは「まことしやかに聞こえるが、虚偽のことである」ということを意味している。

なぜそうなったのだろう。それは、かつては神話の語る内容を外的事実として受けとめていたときもあったので、近代科学が進歩していろいろと外的事実に関する知識が増えるにつれて、神話の価値は急激に下落していったものと思われる。

太陽はアマテラスという女神である、などと言っても誰も信じないであろう。太陽が地球とは比べものにならない、灼熱の球体であることなら、日本人なら子どもでも知っている。それでは、現代に生きている日本人でも、高い山に登って、朝日の昇るのを見て、拍手《かしわで》して拝む人がいるが、これはどういうことなのだろう。

このような人に、太陽が東の空に昇ってきたのではなく、地球の自転によってそう見えるだけ……などと詳しく説明しても無駄であろう。「そんなことは知っている」「よけいなお世話だ」と言うかもしれない。しかし、ほんとうのところはどうなのか。

それは、別に太陽が女神でも神様でもないが、太陽の昇るのを見たとき、自分の心のなかに生じた深い敬虔の感情を表現するとなると、太陽に向かって手を合わすのがもっとも適切だ、ということになる。

神々は人間の内界の住人という表現をしたが、神々の姿は、人間の内的体験をあらわすのに適しているのだ。太陽イコール神ではなく、ある人にとって山頂に立って太陽の昇るときの感動がすなわち神体験なのである。これは言うならば、そのとき内界に顕現した太陽の女神を拝んでいるのである。

このようなことを忘れ、科学技術と結びつく外的事実のみに注目すると、神話は「絵空事」ということになって一挙に価値が下落してしまった。そして神話を否定し去り、便利で快適な生活を築きあげながら、不安とストレスに苦しめられているのが現代ではなかろうか。

それは、神話が試みてきたように、自分という存在をこの世界のなかにどう位置づけるのか、自分が生まれ死んでいくという事実を、どのように納得するのか、という問いに対する答えを見失ってしまったからである。

二十世紀も終わり頃になって、アメリカにおいて、前記のような点に気づいた人たちの間で、急に神話に対する関心が蘇ってきた。この動きに火をつけたのが、神話学者のジョーゼフ・キャンベルである。

残念ながら、キャンベルは亡くなったが、彼がテレビに出演したときの記録をもとにした書物が出版され、全米で九十万部を売りつくすほどのベストセラーになった(ジョーゼフ・キャンベル、ビル・モイヤーズ著、飛田茂雄訳『神話の力』早川書房)。

このなかで、キャンベルは、神話の現代人に対する意義について縦横に語っている。それにしても、この書物が全米で九十万部売れたということは、アメリカ人も棄てたものではないなと思わされる。

私は幸いにもキャンベルとは何回か会っている。一度はサンフランシスコで、二人でワークショップの講師をしたこともある。

彼は無類の語り手で、神話の魅力を語り伝えるのにほんとうにふさわしい人であった。彼はまた日本が大好きで、日本文化を非常によく理解している人でもあった。

二十一世紀は一度否定し去った神話を、再生させるという課題を背負っている。このためにも、やはり神話を読み直してみることは必要である。

「自分を動かしているのは自分ではない」

古代の人々はすべて神話とともに生きていた。もちろん、それは各文化の特性に従ってさまざまであったが、その文化に属する人はすべてそれを信じて生きてきた。つまり、人々は自分の住む世界と調和した世界観のなかで生きていた。換言すると、彼らは自分の内界の住人たちとはうまくつきあっていたのだが、外部の自然現象にどう対応するかについては、あまり力がなかった。

これに対して、現代人はこの逆をしていると言っていいだろう。外的なことには上手に対応しているのだが、内的な落ち着きを失ってしまっている。

それでは、現代人を支えてくれるような「神話」はないのだろうか。もしあるとするならば、その神話を語れば十分ということになる。

ところが、なかなかそうは問屋がおろさないのである。先に紹介した『神話の力』のなかで、キャンベルはあっさりと、「これから長い長いあいだ、私たちは神話を持つことができません」と言い切っている。

それはどうしてか。「物事は神話化されるにはあまりにも早く変化しすぎているので」とキャンベルは答える。

人間は月まで実際行くことができた。それでは、そのことを踏まえた上で現代人はどのような「月の神話」を持つことができるのだろうか。神話を持たないわれわれはどう生きたらいいのだろう。

これに対してキャンベルは、「各個人が自分の生活に関わりのある神話的な様相を見つけていく必要があります」（傍点筆者）と言う。集団で共通の神話を持つ時代は終わり、各個人の責任と努力によって、自分の生き方における「神話的な様相」を見いだしていかねばならないのだ。

これを怠るとどうなるのか。そうなると、内界で演じられるべき神々のドラマが、突発的に外在化され、殺人をはじめとする新聞紙上を賑わす「事件」が生じることになる。親子の間で殺しあいが起こり、男女の関係をめぐるさまざまな事件が起こる。

キャンベルは、「自分を動かしているのは自分ではない、と私たちが気づくのは思春期です」と言っている。自分の内界の住人である神々の存在に気づきはじめるのだ。

この厄介な思春期をどう乗り切るのか。かつては神話とそれに基づく儀礼がそのために役立ってくれた。しかし「今日の社会はこの種の適切な神話的手引きを私たちに与えてくれません」と、キャンベルははっきりと言っている。

なかには、青少年対策などと言って、ハウ・ツー式の策を考えたりするが、そんな猿知恵は神々の威力の前に一挙に破壊されてしまう。

失われた神話を取り戻そうと、思春期の子どもたちは、あちこち落書きをしたり、ガラスを割ったり、誰かをいじめたり、といろいろなことをやってみるが、それほどうまくはいかない。

これらのなかでも、神話的様相が激しくなるほど、それは常識を超えたものになってくる。そうなると、大人どもは「近頃の若者は……」と嘆くことになるが、実のところ、自分たちも若者と同じ「神話の喪失」の時代のなかに生きていることの自覚がないのである。

ここで急に張り切ると、国をあげて――とまではいかないにしろ――集団をつくって、偽神話を信じてがんばろうということになる。これは、オカルトにつながる道である。

このようなことを避け、「自分の生活に関わりのある神話的な様相を見つけていく」ために、われわれは、人類がいったいどんな神話を持ってきたのか、それは現代人の生き方とどのように関連するのか、などについてよく知る必要がある、と思われる。

このような問題意識を持って語っていきたい。

第二章　ことのはじまり

いつ自分の存在に気づいたか

この世はいったい、いつどうしてできたのか、人間はどのようにして出現したのか、そのようなことに答えるものとして「創世神話」というのがあり、ここに紹介するように、実にさまざまなお話がある。

ビッグバンや進化論などによって、それらは相当に説明されているし、実証——と言っても完全にできるものではないが——もある程度されているし、いまさら、そんな「お話」を知っても何の意味もない、と思う人もあるだろう。

しかし、神話の意味はそのような「自然科学」的なものではないのだ。神話はあくまで「私」がどう感じ、どう思うのかという点から出発している。

私はこの世に存在している、と気づいたのは、はたしていつだろう。私を取りまく「世界」というのがあると自覚したのは、いつだったろう。そもそも、そのように意識する「意識」というのは、どのようにして生まれてきたのだろうか。それらはまさに、「ことのはじまり」である。

創世神話は、人間が「意識」によって世界を認識しはじめた起源について語っている。それはまた、後に示すように実にいろいろな物語として語られるのだ。

各民族によって、世界を認識する方法に多様性があるのも当然であろう。まず彼らが「世界」として体験するのが、砂漠なのか、海で囲まれた島なのか、ジャングルなのか、によって異なってくるのは当然と言えば当然である。

そこに、それぞれが自分たち特有の生き方をつくりだしていくのだから、それらすべてと関連して「創世神話」は語られることになる。

ここにまず民族のこととして述べたが、各人も考えてみると、多くの「はじまりのこと」を体験し、あるいは、体験させられて生きている。そもそも自分が「意識」するようになったのは、いつどのようにしてだろう。

そのようなまったく最初の起源について考えるのはむずかしいとしても、世界の「見方」が変わった、ここから新しい認識を持った、ということは誰にもある、と思われる。

いつでも頼れるし、何でもしてもらえると思っていた母親に対する見方が変わったとき。あるいは、「人間とはこんなものだったのか」と、はじめて人間の本性を知ったと思ったとき。人間は、その生涯の節目、節目で、いろいろな「はじまり」のときを経験する。

そのような重大なときに、認識の誤りを犯したり、その意味を取り違えたり、その経験の重要性に気づいていなかったりすると、人間は相当な失敗をすることがある。このような考えで、世界のはじまりの神話を見ると、実におもしろい。神々のあり方が思いがけないところで参考になるのだ。

天と地との分離によって

ものごとを分離すること、区別することは、人間の意識のはじまりである。世界の多くの神話のなかで、天と地、光と闇、昼と夜、などの分離が語られるのも、このためである。区別のないところに意識はない。

天地分離の神話のなかでは、ニュージーランドの先住民、マオリの神話が有名である。

世界のはじまりにおいて、父なる天ランギと母なる大地パパは、お互いに抱きあったままで暗黒に包まれていた。彼らの生んだ子どもたちは暗黒のなかで、なんとか両親を引き離そうと考えた。

そこで子どもたちはかわるがわる天地を引き裂こうと試みたが、みな失敗してしまった。最後に、森の父たるタネ・マフタがやってみることになった。彼は手で天地を引き離そうとするが失敗した。つぎに、彼の頭を母なる大地にしっかりと植えつけ、足を父なる天にかけて、あらん限りの力で、二人を引き離そうとした。

父と母は苦しみと悲しみの声を響かせ、「なぜおまえは自分の親を殺そうとするのか。なぜ親を引き裂くような罪を犯すのか」と叫ぶ。

それでも、タネ・マフタはやめず、とうとう天と地は分離される。そして、明るい光が世の中に増してくる。

このようにして、天と地はいまも分離されたままになっているが、二人の愛情は変わらず、妻の愛の溜め息は、天に向かって立ちのぼる霧となり、妻との別離を嘆く天の涙は地上に落ちてくる。人々はこの涙を「露のしずく」と名づけている。

簡単に要約してしまったが、もとのお話を知ると、ほんとうに素晴らしいと感じる。天と地との分離がどれほどの大事であったかが、よく感じられる。

それと、それにともなって生じる、悲しみ、苦しみ、それに罪、などということにも触れられている。つまり、人間が「意識」を持つということによって、人間の苦しみ、悲しみが生じるのであるし、それは、「罪」と呼べることにもなるのである。

この神話では、天地の分離にどれほどの困難が必要であったかが語られている。また、それとともに「光」が生じてきて、光と闇という区別が生じることも述べられている。

このような分離以前の状態については、ギリシャ神話のなかにつぎのように記述されている。オウィディウスの『変身物語』(上・下、中村善也訳、岩波文庫)のはじめを引用してみよう。

「海と、大地と、万物をおおう天空が存在する以前には、自然の相貌《そうぼう》は全世界にわたって同一だった。ひとはこれを「混沌《カオス》」と呼んだが、それは、何の手も加えられず、秩序だてられてもいない集塊にすぎなかった。ただどろんと重たいだけのしろもので、たがいにばらばらな諸物の種子がひとところに集められ、あい争っている状態だとしかいえないものだった」

この記述はまだ続くのだが、ここで切りあげるとして、このような文は、まさに人間の「無意識」の記述にふさわしいと言えないだろうか。人間の無意識から意識が生まれてくる過程として天地分離の神話を読むと、ピッタリという感じを受ける。

人間の意識は、天と地の区別のような二項対立の数多くの組み合わせで成り立っているとも考えられる。それは現代のコンピュータが、0と1の組み合わせと、その計算によってできていることに示されている。

このようなわけで、天と地、光と闇のみならず、太陽と月、上と下、右と左、それに善と悪などの二項対立が、神話のなかで、つまり人間の意識の組み立てにおいてきわめて重要なことになってくる。

ただ、ここに男と女という対立項を入れこんでくることによって、俄然話はむずかしくなってくるのである。マオリの話では、天は男、地は女であった。このような二項対立の軸《じく》の一致は、神話のなかにいろいろと認められるのだが、人間の意識のなかにおいてもそれは生じてくる。

たとえば、上下の軸と男女の軸を重ねるとき、どうするかによって、男性優位の世界観、女性優位の世界観が生まれてくる。したがって、男女ということは、きわめて大事なことになるのだが、これについては、後に論じることにしよう。ここではともかく、「分離」の重要性ということの指摘で終わっておこう。

「光」の出現

世界のはじまりを、唯一《ゆいいつ》の神の存在によって説《と》き起こそうとする神話もある。『旧約聖書』の冒頭の「創世記」を引用しよう(キリスト教の信者にとっては、『聖書』を「神話」とすることに異論を持つ人があるだろうが、ここは一応、比較検討のために許容されたい)。

「はじめに神は天と地とを創造された。地は形なく、むなしく、やみが淵のおもてにあり、神の霊が水のおもてをおおっていた。
神は「光あれ」と言われた。すると光があった。神はその光を見て、良しとされた。神はその光とやみとを分けられた。神は光を昼と名づけ、やみを夜と名づけられた。夕となり、また朝となった。第一日である」

第二次世界大戦の敗戦を経験し、だんだん状況がわかるにつれて、当時、青年期にあった私は、やはり日本人はキリスト教のことをよく知るべきだと、『聖書』の拾い読みをしたが——拾い読み程度にしかできなかったのだが——この冒頭のところは、確か文語体で、「神「光あれ」と曰《のたま》へば、そこに光ありき」というような言葉で書かれていた。

私はそれを読んで強いショックを受けたのを覚えている。いままで自分の考えも及ばない思考法がそこにあった。まず何よりも先に「神」が存在し、神の言葉によって光が出現するのだ。

多くのことが「無言のうちに自然に」生まれてくることばかり体験していた青年の私が、ショックを受けたのも当然である。

ここで、光の出現による光と闇の区別を、人間の「意識」のはじまりとして見ると、それは「神の言葉」によってなされ、その「言葉」は人間の理解可能な言葉である、と考えると、「意識」の成立についての「言語」の重要性が、これほど明快に示されている神話はほかにない、と思われる。

「はじまり」は、すでに述べたように「意識のはじまり」だけではない。新しいアイデアのはじまり、自立のはじまり、人生の節目、などを考える上において、一瞬の間における「神の言葉」によってのはじまり、というイメージは、なかなか強烈なものである。

こう考えていくと、キリスト教信者でなくとも、このような神話の語る体験を、自分も持ったことがあるとして共感できるのではなかろうか。この激しさと厳しさを、よく共感できないと、われわれは西洋の文化をほんとうに理解したことにはならないであろう。

しかし、そのつもりでいると、このようなはじまりを経験することは、あるはずである。

日本のはじまり

ここで日本の神話を見てみよう。日本の神話は『古事記《こじき》』と『日本書紀《にほんしょき》』とに書かれている。ここではまず後者のほうを取りあげることにしよう。『日本書紀』のほうが、当時の日本の政府のより公的な立場を示しているものと考えられている。

当時の日本は、唐のような大国をはじめ隣国との交渉があり、日本というのが、ひとつの国であり、それを治めている天皇家が正統なものであることを、神話の次元において明確にする必要を感じたのである。そのため古来からあった、神々に関する物語を整理し記録する必要が生じたのだが、『古事記』に比して、『日本書紀』のほうが、より政治的な意図が強い、とみなされている。

『日本書紀』(以下、引用は岩波文庫版――全五冊、坂本太郎・家永三郎・井上光貞・大野晋校注――による。なお、旧字体は新字体に改め、仮名づかいは旧仮名づかいのままとする)の冒頭部分を引用してみよう。古い言葉であるが、だいたいのことはわかるだろう。

「古《いにしへ》に天地《あめつち》未《いま》だ剖《わか》れず、陰陽《めを》分《わか》れざりしとき、渾沌《まろか》れたること鶏子《とりのこ》の如《ごと》くして、溟涬《ほのか》にして牙《きざし》を含《ふふ》めり。其《そ》れ清陽《すみあきらか》なるものは、薄靡《たなび》きて天《あめ》と為《な》り、重濁《おもくにご》れるものは、淹滞《つつ》ゐて地《つち》と為《な》るに及《およ》びて、精妙《くはしくたへ》なるが合《あ》へるは摶《むらが》り易《やす》く、重濁《おもくにご》れるが凝《こ》りたるは竭《かたま》り難《がた》し。故《かれ》、天《あめ》先《ま》づ成《な》りて地《つち》後《のち》に定《さだま》る。然《しかう》して後に、神聖《かみ》、其の中《なか》に生《あ》れます」

これを見ると、昔、天地も未《いま》だ分かれず、陰と陽の対立も生じなかったとき、混沌として形が定まらず、ほの暗いなかに、まず、もののきざしがあらわれた。

その清く明るいものは高くたなびいて天となり、重く濁ったものは固まって土となった。

しかし、清くこまかなものは集まりやすく、重く濁ったものは固まりがたかった。だから、天がまずできあがり、後《おく》れて大地が定まり、その後に、神がそのなかに誕生した、というのである。

これを見ると、やはり天地の分離ということが、最初に語られている。特徴的なことは、ニュージーランドのマオリの場合のように誰かが分けたとか、あるいは、旧約の神のように、神の創造によるものではなく、自然に天と地が分離していくことである。

そこには、痛みも苦しみも語られない。その後で、そこに神が誕生する。ギリシャの神話が似ていると言えば、相当に似ているだろう。

ところで、もっと大切なことがある。実はここに述べられているのは、日本の神話ではない。これは中国の古い文献から適当にまとめた記述で、一般論として提示されているのだ。したがって、『日本書紀』では、先の引用文の後に、つぎのような文が続く。

「故曰《かれい》はく、開闢《あめつちひら》くる初《はじめ》に、……」

つまり、ここから日本の神話がはじまるのである。混沌と漂うもののなかにあった葦牙《あしかび》のようなものが神となって、国常立尊《くにのとこたちのみこと》が誕生したと語られる。

それにしても、神話の語りの形として、これは実に珍しいのではなかろうか。自分たちの神話を語る前に、まず一般論を提示し、だから日本ではつぎのように言われている、というわけである。

こんなのを見ていると、現代の日本人が、「ご意見は」と訊かれて、「えー、みなさんのお考えは」と言ったり、なんだか一般論らしきことをくどくど言った後に、「したがいまして、私は……」と言うようなありさまが目に浮かんでくる。

日本人は、なんだか、神代《かみよ》以来あまり変わらぬことをやっているように思ったりするが、いかがであろうか。

新しい何かが生まれるまで

日本の神話を見はじめたので、もう少し続きを見てみることにしよう。

『日本書紀』では、まず、国常立尊の誕生が語られた。これに続いて、国狭槌尊《くにのさつちのみこと》、豊斟渟尊《とよくむぬのみこと》が生まれ、つぎからは一対の神で、埿《う》土煑尊《ひじにのみこと》・沙《す》土煑尊《ひじにのみこと》、それに大戸《おおと》之《の》道《じの》尊《みこと》・大苫辺尊《おおとまべのみこと》、面足尊《おもだるのみこと》・惶根尊《かしこねのみこと》が生まれる。

この後でやっと、よく知られている、イザナキ(伊奘諾尊)・イザナミ(伊奘冉尊)が出現する。このイザナキ・イザナミは、日本の国々を生みだす最初の夫婦と言ってよい。世界のはじまり、という考え方からすれば、この、イザナキ・イザナミの誕生から語ってもよい、と思われるのに、それに至るまでに、クニノトコタチ以下、舌を嚙みそうな名前の神々の名がつぎつぎとあげられる。

これらの神の名から、ある程度の解釈が引きだせるかもしれないが、それほど重大な意義があるわけでもなく、こんなことをせずとも、話をイザナキ・イザナミからはじめるといいのに、と思われる。

ところで、世界の他の神話を読むと、このように神々の名を連鎖的に並べることが、ほかにも認められることがわかる。ここには省略するが、日本神話と同じような傾向が認められる。

これとは異なるが、テーマとしては類似性を感じさせるものとして、アメリカ先住民、ナバホの神話(第六章に後出)をあげることができる。それは、現代の世界に至るまでに、先祖の時代に異なる世界に住み、それが第二、第三と経過して、現代のは第五世界だと言うのである。つまり、この世界のはじまりの前に、四つの世界があるのだ。話をすぐにはじめずに、「前置き」があるのだ。

このような傾向は、いろいろと解釈できようが、世界のはじまりを「新しいアイデ

ア の生まれるとき」と考えてみると、そのような新しい思いつきが生まれてくるまでに、言葉にはならないが、心のなかでモゴモゴと何やらつかみがたいものが動いている、と感じることがある。

その「モゴモゴの過程」を、わけのわからないような神々の名前の連鎖であらわしていると考えてみると、よくわかる気がするのである。

ナバホの神話では、ひとつの世界に落ち着きそうになったとき、誰かがその世界の長の妻と性関係を持ったためにそこにいられなくなって移動する、ということが繰り返される。

これを「不倫《ふりん》」などと言うのではなく、「思いがけない結びつき」というふうに解釈すると、新しい発想の生まれてくるときの過程を示すのに適切な表現、と考えられるのである。

発想が生まれる以前に、わけのわからぬ結びつきが生じているのだ。

創造のきっかけ

創造者が二人ということは、世界の神話にわりと出てくるテーマである。この二人は何らかの意味で対比的で、それが相補いあって創造の仕事をするのだが、対比が強く敵対的になってしまうと、むしろ破壊的になる。この対立と協調のバランスがなかなか微妙なのである。

つぎにアメリカ先住民のアコマヴィの神話をごく要約して示す。

何もないところに雲が出てきて固まってコヨーテになり、霧が凝縮してギンギツネとなる。

彼らは舟をつくり、長い間そこに住んでいたが、少し退屈してくる。ギンギツネのすすめでコヨーテが眠っている間に、ギンギツネは熱心に仕事をして、陸地をつくり、そこに木や岩や茂みなどをつくりあげる。

舟が岸に着くとギンギツネはコヨーテを起こす。コヨーテはびっくりするが陸にあがり、そこでギンギツネと一緒に果物をいっぱい食べる。

そして、そこで彼らは家をつくり住むことになる。

この創世神話の特徴は、二人の創造者がいると言いながら、ひたすら仕事をするのはギンギツネで、その間にコヨーテはただ眠っているだけである。

コヨーテは、言うなれば眠ることによってギンギツネに協力しているのだ。これは、いったいどうしてだろう。

この点について、もっと明確に意味を伝えてくれるものに、同じくアメリカ先住民のジョシュアの神話がある。それを紹介してみよう。

ジョシュアの神話では、創造主が二人いて、一人はコラワシと呼ばれ、もう一人は名前はない。

二人は世界を歩きまわり、人間の足跡を見つけてぞっとする。わけがわからず、コラワシは洪水を起こして破壊してしまおうとする。そのため世界には混乱が絶えない。コラワシは続いて、動物をつくり、人間をつくろうとするが二回とも失敗してしまう。

その後、彼の相棒は三日間煙草をすい、この間にひとつの家が出現し、そこから美しい女性が出てくる。

彼は煙草をすうことによって生みだしたこの美しい女性と結婚し、十六人の子どもをもうけ、この子たちからすべてのアメリカ先住民の種族が出てくる。

この神話で特徴的なのは、積極的に行動するコラワシは失敗し、煙草をすってばかりいた男のほうが、煙草をすうことによって間接的に、人間の創造に貢献することである。つまり、真の創造においては、無為《むい》でいることが必要と考えるのである。

実際にわれわれが創造活動に従事するとき、あれこれと積極的に考えたりなどしても、失敗に終わってしまい、むしろ、ぼうっとしているときに、創造のきっかけが生じることがある。

これは何を創造しようかということとも関係しているが、やはりスケールが大きくなるほど、「無為」の重要性が感じられるように思う。

このような考えをもう一歩押しすすめると、中国の思想家、荘子の説くように、「混沌」に目鼻をつけると死んでしまうという話にもなる。

意識化を焦ったり、何かをしようと焦りすぎると、元も子もなくなる、というのである。

ところで、この話をドイツ語に訳して紹介した、リヒャルト・ヴィルヘルムは、この「混沌」を「無意識」と訳している。極端に言うと、「無意識は無意識のままに」ということになろうが、創造活動と真剣に取り組もうとする人は、これほどの余裕がないと駄目だろう。

それでは何も生まれてこない、という人に対しては、すでに述べたアコマヴィの神話のほうが受け入れやすいだろう。

ここでは、積極的に働くギンギツネと無為のコヨーテの協力によって、創造が行われている。両者はどちらも大切というわけである。

そんなことはない、ココーテは何もしていないのだから、そんなのは排除せよと考える人は、あまり大きい創造活動はできないだろう。

「知りたがり」の代償

このようにして世界ができあがってきたなかで、いったい人間はどのように生きるのだろうという問題が生じてくる。世界のはじまりのとき、人間は何をしたかを神話はいろいろと語ってくれる。

そこにいろいろな人間の姿が描かれるのだが、まず、人間は「知りたがり」の動物、と言うことができるだろう。

ともかく何かを知りたがる。誰もが知っていることを自分が知らなかったとわかると、怒る人は多いだろう。逆に、誰も知らないことを、自分だけが知っているとなると、得意になったり、自慢したくなったりする。人間の好奇心のおかげで、自然科学が大いに発展してきた、と言うこともできる。

しかし、「知ること」は大いに危険でもある。「知らぬが仏」などという言葉があるが、何かを知ったために不安や恐怖が生じたり、時に何かを「知った」ために、命を奪われてしまうようなことさえある。また、この逆に何かを「知らなかった」ために、大変な危険に遭うこともある。

このように「知ること」は、人間にとって逆説的な性格を持つことであるが、神話は一般に、「知ること」の危険について語るものが多いようである。

人間が何も知らずにいることこそ「天国」の生活であったのに、「知ること」によって、大変なことになってしまった、というのが周知のとおり『聖書』のなかの禁断の木の実の話で、それは「創世記」の第二、第三章に次のように語られている。

主なる神は、人(男)を造った後に、エデンの園に彼を住まわせることにした。園の中央には、命の木と、善悪を知る木とをはえさせた。つぎに、人を連れてエデンの園に行き、園のどの木からでも実を取っていいが、善悪を知る木からは取って食べてはならない、「それを取って食べると、きっと死ぬであろう」と言われた。

その後に、神は男の骨から女を造られた。

「人とその妻とは、ふたりとも裸であったが、恥ずかしいとは思わなかった」

蛇は野の生き物のなかでもっとも狡猾であった。蛇は女に「あなたがたは決して死ぬことはないでしょう。それを食べると、あなたがたの目が開け、神のように善悪を知る者となることを、神は知っておられるのです」と言う。

女はその実を食べ、夫にも与えた。すると、二人は自分たちが裸であることがわかったので、いちじくの葉をつづりあわせて、腰にまいた。そこに神があらわれてすべてのことを知った。

そこで、神は蛇にもっとも呪われた生き物として、「おまえは腹で、這い歩き、一生、ちりを食べるであろう」と言い、女には、「私はあなたの産みの苦しみを大いに増す。あなたは苦しんで子を産む。それでもなお、あなたは夫を慕い、彼はあなたを治《おさ》めるであろう」。そして、男には「あなたは一生、苦しんで地から食物を取る。地はあなたのために、いばらとあざみとを生じ、あなたは野の草を食べるであろう。あなたは顔に汗してパンを食べ、ついに土に帰る、あなたは土から取られたのだから。あなたは、ちりだから、ちりに帰る」と言った。

神はまた、「見よ、人はわれわれのひとりのようになり、善悪を知るものとなった。彼は手を伸べ、命の木からも取って食べ、永久に生きるかもしれない」と言って、人をエデンの園から追いだしてしまった。

これが失楽園の物語であるが、ここに示された神の怒りと罰の厳しさが、実に印象的である。

神はもともと人間が「善悪を知る」ようになることを望んでいなかった。しかし、人間はその禁を犯し「知る」者となったが、その代償として「原罪」を背負うことになった。これは、キリスト教徒にとって実に重いものである。

神の意に反して「知る」ことを成した人間は、その後もどんどん知ることを続け、現在は、科学・技術の発展にともなって、神の座に人間が座るほどになってきている。

キリスト教文化圏に生まれた近代科学によって、人間は相当に自分の欲することを手に入れてきたが、この人間中心的傾向が、極端な利己主義に陥らなかった理由のひとつとして、この「原罪」の自覚があるのではないか、と私は思っている。これが無制限な欲望の充足に歯止めをかけているように思われる。

この話でもうひとつ印象的なのは、蛇の役割である。蛇はある意味では神を出し抜いている。

禁断の実を食べたら「きっと死ぬ」と神が言っているのに対して、「あなたがたは決して死ぬことはない」と受けあっている。ここでは、神の嘘を蛇があばいたようにも見えるが、おそらく、神の言葉は「エデンの園からの追放」、つまり人間が死ぬ存在となる、ということを意味しているのであろう。

蛇は罰として、腹で這い歩くことにされるが、それは「土」に密着して生きることで、「天」なる神の対極であることがわかる。

このような考えを押しすすめると、蛇は創造主を超える知恵を持っていた、ということにさえなるが、そのことについては後述(第五章)しよう。

ともかく「知恵」のついた人間が裸であることを恥ずかしく感じた、つまり、「自然」の状態を恥と感じたという事実は注目に値する。

キリスト教においては、原罪という「罪」の意識が大切とされるが、それ以前に「恥」の感情が語られているのだ。それも「自然」の状態を恥ずかしいとし、そこから人は反自然の動きをはじめるのだが、そこには「原罪」という代償がともなうことになった。

秘密を知る「火の神」

何も知らない状況は幸福で楽しいが、「知る」ことによって不幸がはじまる、というテーマに関して、北欧神話の火の神、ロキの神話は興味深い。

そもそも、このロキという神自体、実に注目すべき存在なのだが、ここでは、彼が関係する「バルデルの死」の物語を紹介する(グレンベック著、山室静訳『北欧神話と伝説』新潮社)。

バルデルの母親神、フリッグは、世界のあらゆるものが息子に害を与えないように、火と水、鉄その他あらゆるものに、バルデルにはいかなる危害も加えないと誓わせる。

このため、神々はバルデルに向かって何かを投げつけるという娯楽を考えだした。矢を射ようと石を投げようと、いくらバルデルに当たっても彼は何も傷つかない。神々がこのようにして楽しんでいるのを見ると、ロキはむしゃくしゃしてきた。ロキは女の姿に変身して、フリッグのところに行き、フリッグをおだてあげておいて、ほんとうにすべてのものがバルデルを傷つけないと誓ったのかと訊く。フリッグは一本の小さい宿り木だけには誓わせなかったと言う。

そこで、ロキはその宿り木を持って神々のところに行く。神々はバルデルにものを投げつける遊びを楽しんでいたが、オーディンの息子のホズルは目が見えなかったので、仲間からはずれて立っていた。

ロキは親切ごかしに、ホズルに宿り木の枝を渡して、バルデルの立っている方向に投げるように教えてやる。

このために、バルデルは死に、神々は大騒ぎとなる。その後も話は展開するが、省略して、神々がどのようにロキを処罰したかを紹介する。

ロキは神々の怒りをおそれて、山のなかに隠れ、四方に戸口のある家を建て、世界のどちらの方角でも見張れるようにした。そして、日中には彼は鮭に変身して滝壺に隠れていた。

しかし、結局は神々に捕らえられる。神々はロキを岩穴に閉じこめ、大石を三枚、彼の肩、腰、膝のくぼみにあてがって、石にくくりつけてしまった。そして、彼の頭の上に毒蛇を持ってきて、毒液がしたたり落ちるようにした。

ロキの妻シギンは、杯を蛇の口にあてがい、毒液がたまると捨てにいく。その間は毒液がロキの顔にしたたり落ちるので、ロキが苦しがって身をもがくと、大地が震えて地震が起きるのであった。

この物語では、神々の無邪気な楽しみを見てロキがむしゃくしゃし、大切な秘密を「知る」ことによって、バルデルが死ぬわけであるが、ここにも、「死すべき存在」というテーマがあると感じられる。

神々のことではあるが、やはり、人の世界に通じることとして語られているのだ。「何も知らない」ということを前提に、人間は楽しんでばかりおれない。人は「知る」ことによって、自分が「死ぬ存在」である、という自覚に至る。これは大変な苦痛である。

神々は、いったい人間が「知る」ことを望んでいるのか、いないのか。そこには相当な両価的《アンビバレンツ》感情があるように思う。

ロキの処罰から、ギリシャ神話のプロメテウスの処罰を連想した人は多いのではなかろうか。これらは実によく似ている。そして、両者に共通の要素は、「火」ということである。

ロキは、火の神であり、プロメテウスはゼウスから火を盗んだ英雄である。彼はそのために、ロキの受けたものとよく似た罰(山の岩に鎖でつながれ、鷲に肝臓をついばまれる)を受けることになる。

「火」はいろいろと意味を持っているが、そのなかに「意識」ということがある。闇のなかでものを見ることを可能にする、つまり、「知る」ことに関連している。したがって、神話のなかで、「火」はきわめて重要な役割を持つ。

ロキが他の神々の知らない秘密を知ったのも、彼が火の神である、という事実が関連していると思われる。

ギリシャ神話において、神々は人間に火を与えようとしなかった。そのとき、プロメテウスがうまくゼウスをだまして火を盗み、人間のところにもたらすのである。ここでも、神々は人間が「知る」ことを喜ばなかったのだ。それをあえてしたプロメテウスは厳しい罰を受ける。このあたりは、『聖書』、北欧神話、ギリシャ神話に共通と言える。つまり、「知る」ことにともなう厳しい罰にもかかわらず、人間は「知る」方向に進む、ということである。

もっとも大切な「死の現実」

この世界に「火」をもたらすことは大変だ。プロメテウスの苦しみは、それをよく示している。これに対して、日本の場合はどうか。

日本では、イザナミという偉大な女神が、日本の国土から山や野や、すべてのものを生みだすのだが、最後に、「火」を生むときに、性器を火傷し、死んでしまう。夫のイザナキは、「いとしいわが妻を、子ども一人にかえてしまった」と嘆き悲しみ、妻の後を追って黄泉《よみ》の国に降っていく。

この続きについては後に論じるとして、まず、火の誕生に関して考えてみると、これはギリシャ神話とまったく対照的である、と言える。つまり、ギリシャ神話では、神は人に火を与えることを拒んでいる。英雄プロメテウスがあえて火を盗んでくるのだが、このために彼は、前述のような大変な苦しみを背負うことになる。

これに対して、日本では、神が自らの身を犠牲にして、火を与えてくれるのだ(もっとも、これは「神代」での話だが、火は人間に伝わったと考えていいだろう)。偉大なる母は、何でも子どものために与えようとするのだ。

ここで、「火」を意識の象徴として見て、「知る」ことにかかわるものとするならば、

『聖書』、北欧神話、ギリシャ神話に示されてきたような、「知る」ことによる苦悩は、日本では神が背負って、人は何の苦しみもなく、それを受けとるだけになっている。

こんな話がほかにあるだろうか。これは日本人の「甘え」の根本にある物語と言っていいかわからない。

こんな甘い話で安閑としていていいのか、ということになるが、さすがに話はこれだけでは終わらない。大事な「火」の話の続きがあるのだ。

イザナミが死んだので、夫のイザナキは黄泉の国まで追っていく。イザナキはイザナミに会い、二人でつくった国は完成していないので、還ってくるようにと言う。

イザナミは、残念なことに黄泉の国でものを食べてしまった（そうすると黄泉の国に留まらねばならない）ので、何とかしてもらうように、黄泉神と交渉してみよう、と言う。しかし、その間、自分を見ないように、と禁止を与えて、去っていった。

イザナキは待ち切れなくなって、暗闇のなかで、自分の頭髪にさしていた櫛の歯のひとつに火をともす。この「火」は明らかに、何かを「知る」ための火である。

イザナキがその火によって見たものは、蛆がたかり、雷神たちが身体のあちこちにいる、腐乱した妻の死体であった。これを見て、イザナキは恐れをなして逃げ去るが、イザナミは「吾《われ》に辱《はじ》見せつ」と言って、黄泉醜女《よもつしこめ》を遣わして追いかけてくる。

イザナキの必死の逃走については省略して、ともかく、イザナミは最後は自ら追いかけてくるのだが、イザナキはやっとのことでこの世に帰り、黄泉比良坂《よもつひらさか》に「千引《ちびき》の石《いわ》」を置いて塞ぎ、妻に対して離別を言い渡す。

そのとき、イザナミは黄泉の国に留まり、この世に立っているイザナキに対して、あなたの国の人を一日に千人殺してみせる、と言う。そこで、イザナキは、あなたがそうするなら、自分はこちらで一日に千五百の産屋を建てよう、と言う。

このため、その後、一日に千人の人が死ぬようになり、一日に必ず千五百人が生まれるようになった。

この話では、「知る」ことの恐ろしさがはっきりと示されている。妻は自分の姿を見てはいけないと禁止する。しかし、夫はそれを破り、見てはならぬものを見てしまうのだ。

ここで、イザナキの「見たもの」、つまり「知る」ことになったのは、何だったのだろうか。それはいろいろな意味を持つだろう。私としては、そのもっとも大切なことは、「死の現実」ではないだろうか、と思う。

イザナキがその後に、黄泉比良坂に千引の石を置いた、というのは、それまで、生と死の境界がはっきりしていなかったのに、彼がそれを明確にしたことを意味している。死は生と明確に区別され、それは生に戻ることなく腐乱していくのだ。

ロキの神話も、やはり「死の認識」とかかわると思われるが、イザナキ・イザナミの話はもっと明らかである。

『聖書』の場合、禁止するのが父なる神であり、それを破るのが女性であったのに対し、日本では禁止するのは女神であり、それを破るのは男性である。それと、そこに生じる罰という点でも両者は明確に異なっている。父なる神の下す罰はきわめて重く、母なる神の下した罰は、男性によってすぐ中和され、むしろ、そこには男性側に有利な妥協と言ってもよい状況が生じる。やはり、話は少し甘くなってくるのである。

死ということを、人間が自然の一部である限り受け入れねばならないこと、と考えるなら、すでに述べたように、ユダヤ・キリスト教の場合は、人は「原罪」を背負いつつ反自然の道を歩んでいくのに対して、日本では自然の一部として人間は生き、そこに生じる悲しみをどのように中和させつつ背負っていくかを考える、という方向に進む、ということになるだろう。

日本人の原罪

日本人としては、なかなか「原罪」ということが実感できない。とは言うものの、十六世紀にザビエルが来日して、キリスト教を日本に伝えたとき、それは相当な勢いで日本中に広がっている。

周知のように、豊臣秀吉が宣教師追放令を出し、徳川幕府に至っては、これほど厳しい禁制は考えられないほどの禁止を行ったので、キリスト教は消えていくのであるが、最初に相当な勢いで広がっていくとき、日本人は「原罪」などということを受け入れたのだろうか、という点が気になる。

これは、先に述べてきたように、彼我《ひが》の差の根本に存在する点だからである。

この疑問に答えてくれる、きわめて興味深い資料がある。

幕府の禁制によってキリスト教は消え失せたと思われていたのに、九州には「隠れキリシタン」が残っていた。このことは誰でも知っている。

ところで、隠れキリシタンは宣教師なしで、自分たちだけの力でその信仰を保ってきたが、二百五十年以上にわたって続いているうちに、それは徐々に文化変容を遂げていく。それらは実に興味深いのだが、ここでは、われわれが問題としている「原罪」のことについてのみ論じることにする。

隠れキリシタンはキリスト教の教えを保持していく上で、『天地始之事《はじまりのこと》』という文書を持っていたことが、一九三一年になって研究者によって明らかにされた。

これは、「そもそもでうすと敬奉るは、天地の御主、人間万物の御親にてましますなり」という言葉で、『聖書』の「創世記」に語られているような物語が書きとめられている。

これらの話は、もともと宣教師たちによってもたらされたものであることは確かだが、二百五十年の期間の間に、文化変容を遂げている。

それを読むと確かに「禁断の木の実」に当たる物語がある。あだんとゑわという最初の男女がいて、これはもちろん、アダムとイヴである。

少し横道にそれるが、このゑわはあだんの骨からつくられたのではなく、神はそれぞれを別につくって「夫婦となし」ということになっている。日本人には、女性が男性の一部からつくられる、という物語は受け入れられがたかったのだろう。

これはすでに述べてきたような、日本における「女神」の重要性から考えて当然のことと思う。

あだんとゑわは、禁断の木の実を食べるのだが、彼らを誘惑したのは、蛇ではなく、じゅすへる(ルーシファーのこと)になっている。

『天地始之事』によると、あだんとゑわが木の実を食べたとき、でうすがあらわれ、それは「悪の実」だと言って、楽園からの追放を命じる。そのとき二人はでうすに対して、なんとかもう一度「ぱらいぞの快楽《けらく》」を受けさせてほしい、と願う。そうすると、「天帝《てんてい》きこしめされ、さもあらば、四百余年の後悔すべし。其節《そのせつ》はらいそに、めしくわゆるなり」と神は答え、四百余年の長期間は必要としても、罪は許されることになる。つまり、「原罪」は消滅するのである。

これには驚いてしまった。キリスト教徒にとって信仰の中核にあるとも言える「原罪」がなくなってしまって、それはどのように維持されるのだろうか。

隠れキリシタンの生活を見ると、暦が非常に大切にされていて、この日は何をするか、あるいは、してはいけないかなどと実に詳しく決められている。これによって、春夏秋冬と季節がめぐるのに従って、毎日を生きていたのであろう。

そして、隠れキリシタンにとって、一年のなかでいちばん重い日、「絵踏み」の日がくる。このとき、すべての隠れキリシタンは罪を犯さねばならない。この重い罪を一年間の清い生活によって、つぐなっていく。つぐないができたときにまた絵踏みがくる。

ここに罪ということは深く関係しているが、原罪を背負って、ひたすら進むというイメージとは異なっている。

人間には直線的な人生観と、円環的なのとがある。キリスト教の場合は、直線的に進むが、隠れキリシタンは円環的になっている。輪廻的と言っていいかもしれない。それには、春夏秋冬という「自然」のはたらきも深くかかわっているし、深い悲しみの感情がある。

アメリカで隠れキリシタンの話をして、原罪が消滅したことを言うと、パチパチと拍手が起こって驚いた。

その人たちは後で、「われわれが原罪の重みにどれほど苦しんできたか、おまえにはわからないだろう」と私に言った。

確かにそれは重いものだったろう。しかし、罪の意識も持たず、悲しさも感じず、ひたすら、人間が「知る」ことを大切として、「進歩」しつづけるとどうなるのか、と少し心配にもなってきた。

第三章　「男と女」の深層

永遠の問題を二分法で考える

男性と女性をどう考えるかは永遠の問題である。おそらく「解決」などということはないだろうし、そんなのが見つかれば生きていくのがおもしろくなくなるかもしれない。

それにしても、男性、女性をどのように考え、どのように位置づけるかは、文化により時代により相当に異なっており、現代も世界共通の標準があるわけではない。もちろん、男女に身体的な差があるのは誰もが認めるであろうが、それ以上のいろいろな差がそれにつけ加えられてきたようである。

それはどうしてなのか、それはどのようになされてきたか、などについて、神話を通じて考えてみたい。

世界のはじまりにおいて、光と闇、天と地などという分離が非常に大事な役割を持つことは前章に述べた。混沌としていたものを二分すること、それが人間の意識のはじまりと言っていいだろう。

したがって、その後に人間の意識体系が発達し複雑になっていくときも、二分法による組み立てがきわめて重要なことになる。

上下、左右、内外、強弱、高低などなどの二分法に加えて、善悪、美醜などという判断を必要とするものもあり、これらがいろいろと組み合わされて意識体系ができあがってくる。

現在のコンピュータが二分法の組み合わせによって、相当に複雑な思考を成し遂げるのを見ても二分法の重要性がわかるであろう。

ところが、二分法として男女ということが加わってくるところに、問題のむずかしさがある。

というのは、人間に男女の差があることは誰しも気づくことであるが、本来それは、すでに述べたような分割とは独立のものである。

しかし、古代人がこの世界に自分なりの秩序を与えようとするとき、男女という二分法がほかのものと重なりあってくる。そのありようによって、それを信じる集団の世界観や人生観が異なってくるわけである。

「自分なりの秩序」という表現をしたが、それは外側からの言い方であって、そのなかにいる者にとっては、それは「秩序」そのものと感じられ、それを破ることは、その集団からの拒否に遭うことになる。

このようなために、各文化において、「男はかくあるべし」「女はかくあるべし」という固定観念ともいうべきものが生まれてくる。

私が子どもの頃は、「男は泣いてはいけない」という観念が強く、泣き虫の私は苦労したが、なんのことはない、王朝時代の物語を読むと、男はうれしいにつけ悲しいにつけ泣いてばかりいるのだ。

文化人類学者の研究によって、「男らしい」「女らしい」などという状態が生来的なものではなく、文化的に規定されるものであることは、最近では相当に一般に知られるようになった。

しかし、男女はすべてにおいてまったく同じとは言えない。差があることは事実である。それに人間の家族というものは、どうしても男女を含むので、そのなかの「秩序」ということを考えはじめると、男女、あるいは、父母のどちらが優位かなどという考えも関係してくる。

というわけで、男女の問題は実にむずかしい課題であるが、それぞれの文化は、それをどのように語っているのだろうか。

父性原理を決意表明

男女の差ということを考えるとき、古代人にとってまず大切なことは、女は子どもを産むが、男は産めないということであっただろう。

女性が妊娠し出産する。このとき男性の役割ということが不明だと、極端に言えば、人間は女だけいればよいのであって、母親の産んだ子どものなかの娘が成長して母となり子どもを産むことによって、その血筋は続くのだから、なんと言っても女性が中心であり、男性はそれに従属すると考えられる。

それに農耕民族の場合であれば、大地に生えた穀物が冬になって死んだと思っているのに、春にまた生まれ出てくるのだから、母なる大地の偉大さは計り知れぬものと感じられる。というわけで、偉大なる母神が崇拝の中心となったことは想像に難《かた》くない。

実際に、ヨーロッパにおいても、キリスト教以前の遠い時代のものとして出土してくる土偶は、女性の胸、尻、性器などが強調された、おそらく大母神であろうと思われる像なのである。

ところが、部族間の戦いなどの要素が加わってくると、どうしても身体的な強さを持った男性のほうが女性より優位に立ってくる。このために、だんだん時代が経ってくると、男性のほうがその優位性を示したくなるのだ。

もうひとつの問題は、人間と自然との関係ということである。砂漠地帯の遊牧民にとっては、「自然とともに」とか「自然に包まれて」などという感覚は生じてこない。それよりも、彼らにとっての自然である「羊《ひつじ》」を、自分の思うようにどうコントロールするかが重要な課題となってくる。なにしろ自分の思いどおりに羊を移動させることができなくては生きていけないのだ。

このような厳しい条件のなかでは、地母神の膝に包まれるような感じは生じるはずはない。むしろ、すべてをしっかりと支配する父なる神のイメージが強くなるのも当然と思われる。

そもそも、羊の群れを先導していくのは雄の羊であり、それに雌と子どもの羊が従っていくのである。そして、その羊を導くのは人間の男性の役であり、子羊が一歳になったとき、群れの先導役を務めるか種雄として決められたもの以外の雄をすべて殺すことを決定し、殺害するのも男の役である。

ということから、この文化においては、父の役割が重視されてくる。

『旧約聖書』を見ると、男と女とについて、神は天地創造の仕事を七日間で終えるのだが、その六日目に、「神は自分のかたちに人を創造された。すなわち、神のかたちに創造し男と女とに創造された」と「創世記第一章」に語られている。

ところが第二章にはそれが詳しく語られていて、「主なる神は土のちりで人を造り、命の息をその鼻に吹きいれられた」とある。神はその人をエデンの園に連れていき、「人を深く眠らせ、眠った時に、そのあばら骨の一つを取って、その所を肉でふさがれた。主なる神は人から取ったあばら骨でひとりの女を造り、人のところへ連れてこられた」、つまり、女は男のひとつの骨からつくられたのである。

『聖書』のこの後に語られる話では、すべての子どもは母親から生まれる。キリストでさえマリアから生まれている。しかし、ユダヤ・キリスト教における、最初の女は男から生まれたのだとする話は、注目に値する。

端的《たんてき》に言うと、男性の女性に対する優位性を、その秩序の根本に据えようとする意図がうかがわれるのである。というよりは、この世界全体を見るのに、男の目から見た世界をスタンダードとする意図、と言うほうが適切かもしれない。

自然に反し、自然を支配していこうとする父性原理を貫くという決意表明のように感じられる話である。

男は女の何に心を動かされるか

ジャワの神話は男女の起源について、つぎのように語っている。大林太良『神話学入門』(中公新書)からの引用である。

創造神は人間を粘土でつくり男の形にする。つぎに「ひとりでは地上に繁殖しない。奥さんを作ってやろう」とするが粘土はもうなくなっていた。「そこで創造神は月の円味、蛇のうねり、蔦のからみつきかた、草のふるえ動くさま、大麦のすらりとしたかたち、花の香り、木の葉の軽快さ、ノロ鹿のまなざし、日光の快さとたのしさ、風のすばやさ、雲の涙、わた毛の華奢《きゃしゃ》なこと、小鳥の驚きやすいこと、蜜の甘さ、孔雀の虚栄心、燕の柳腰、ダイヤモンドの美しさと雉鳩《きじばと》の鳴き声をとり、これらの特性を混ぜあわせて女を作り、これを男に妻として与えた」

こんなのを見ると、いかに男が女を見ているか、あるいは、見ようとしているか、がよく語られているなと思う。

ここで、女をつくる粘土がなかったというところなど、いかに男が女の「実体」を見るのがむずかしく、その幻像を見て心を動かされるかを語っているとも言える。そう思うと、この話の続きも了解される。

この後の話は、つぎのようになる。

その後、二、三日して男は創造神のところにきて、女がのべつ幕なしにしゃべりつづけ、ほんの少しのことでも文句を言うと訴えるので、神は女を取りあげる。すると、男がまたきて淋しくてたまらぬと言うので、神は妻を返してやる。男がまたきて文句を言うが、今度は神は男女が一緒に生活するように全力をつくせと男に言った。男は「私は彼女といっしょには生活できないが、さりとて彼女なしでも生活できない」と嘆く。

男は自分の抱く女の幻と現実の間でふらふらになるが、結論としては「彼女なしに生活できない」ということになる。

これは古い時代の男から見た女性の姿を基にして、ともかく神様のされたことと納得して男女が生活をともにするための物語として生まれてきたと言えるだろう。

新しい時代に、女の目から男が「粗大ゴミ」や「ぬれ落ち葉」に見え、「彼なしでも私は生きていける」となると、いったいどうなるのか。残念ながら、そこからユーモアや深さを感じさせる「物語」をつくるのは、なかなかむずかしいようである。ファンタジーを失うと、人生におもしろみが少なくなるようである。

女は太陽でもあるし、男にもなれる

二分法で考えるときのひとつの指標として、日月《じつげつ》というのがある。自然科学の知識からすると、これは対比や対立などという関係ではあり得ないのだが、古代人にとっては非常に明白な対立物であったし、同等の重みをもって認識されたであろう。

現代なら日月のどちらが大切などということは問題にならないが、どのような文化においても太陽が月より優位ということでもなかった。熱帯では、太陽は恵みよりも残酷さを感じさせる存在として認識されることもある。

神話の世界で見ると、太陽は男性神、月は女性神であることが圧倒的に多い。西洋のシンボリズムの一般的な体系では、太陽—火—能動—黄金—精神—男、これに対して、月—水—受動—銀—肉体—女、という結びつきがあり、両者は補完的に作用すると言われつつも、前者を優位と考えることが多い。

そもそも、このような明確な区別をするところが父性原理的なのだが、どうしても、「男の目」で見ると、太陽は男と結びつき、男の優位が前面に出てくるのである。

これに対して、わが国は、周知のように、太陽は女神である。天照大御神《あまてらすおおみかみ》と呼ばれている。一方、月は男性神である。このことは、日本の文化の多面性、多様性を示しているものである。

これについては後に論じるとして、ともかく「太陽は女性である」という神話が古くに存在したという事実は、注目に値する。

ちなみに、太陽を女神とするのは、世界でも非常に少なく、私の知る限りでは、アメリカ先住民のイヌイット、チェロキー、ユチなどに見られるだけである。これを見ても、日本の神話において、太陽が女神であることの重要さがわかるであろう。

男が威張っていても、女も男になれるという物語がある。古代ギリシャのオウィディウスの『変身物語』のなかにある「イピスとイアンテ」という物語である。イピスもイアンテも神ではなく人間だが、神が大切な役割を担《にな》うので、ここに紹介することにしよう。

パエストスという地に、リグドスとテレトゥーサという夫妻がいた。妻の出産が近づいたとき、夫は「男の子がほしい」と言い、もし女の子なら育てないと言う。しかし、妻の夢に女神イシスがあらわれ、夫の言いつけに従わず、男でも女でも子どもを育てよと告げる。

テレトゥーサは女の子を産むが、夫に男だと偽り、イピスと名づけ男として育てる。イピスが十三歳のとき、父親は金髪のイアンテと婚約させた。二人は愛しあうが、イピスの苦悩は深まる。

とうとう明日は婚礼という日に、テレトゥーサは、ひたすらイシスの女神に祈った。すると「神殿の扉《とびら》がゆれ、月の形をした角がきらめいて、ひびきのよい音がした」。これはイシスの顕現《けんげん》を示す吉兆《きっちょう》である。

神殿を去るとき、テレトゥーサはイピスが男になっているのに気づいた。かくしてイピスとイアンテはめでたく結ばれる。

この話で興味深いのは、父親が「父系社会」の秩序のなかで、自分の望む男の子を得ようとして、願いは成就するのだが、それを可能にしたのは、イシスという女神だということである。

性変換の奇跡は、イシス、テレトゥーサ、イピスという、女神―母―娘、の女性のみのつながりのなかで生じ、父親は何も知らない。

これは父権を認め、男性の優位を認めながらも、父の願いをかなえてやっているのは、実は女性チームなのだ、というところがおもしろい。

父親は自分の願いどおりに事が運び満悦《まんえつ》だが、すべてを動かし、すべてを知っているのは、女神―母―娘なのである。

これも男性と女性のあり方、関係の機微を描いていると思われる。

「性」は支配できない

男が上か女が上か、どちらが優位か。ともすれば争いが生じるが、なんとか仲よくするしかないのではないか、という神話もある。なかなかの傑作であると思う。アメリカ先住民のナバホの神話である。

最初の男、アルツェ・ハスティインは、妻である最初の女、アルツェ・アスジャッツアに食べさせるために猟に精を出す。あるとき、鹿を獲ってきて二人でたらふく食べたが、女は、「ああ、ヴァギナのシジョオズや、どうもありがとう」と自分のヴァギナに感謝した。

男は怒り、自分に感謝すべきだと言ったが、男がいろいろ努力するのも女性のヴァギナのためだから、ヴァギナのシジョオズが猟をしているようなものだと言う。ここで夫婦は口論、男は家を飛びだす。

アルツェ・ハスティインは村中の男に呼びかけ、女どもは男がいなくても自分たちで生きられると言っているから、というので、男全員は筏で川を渡っていってしまう。男女が別れても最初は生きていけそうだったが、だんだん困ってきた。女が裸になって対岸の男を誘惑しようとしたり、川を渡ろうとして死ぬ者もあった。ここで性欲の抑制に困る男の話などがあるが省略しておこう。

別れてから四年目に、アルツェ・ハスティインも考え直し、アルツェ・アスジャッツアを呼びだし、「まだ自分たちだけで生きていけると思ってるのか」と問いかける。

これに対して、女は「もう思っていないわ」と答え、両者は互いに非を認め、めでたく和解して、一緒に住むようになる。

これは長い神話を思い切って短くしたのだが、原文は長く、性に関することが細かくながながと語られている。この神話の特徴は、最後に男女が仲よくなるのだが、そのための「条件」とか、どちらかが優位になるとかは一切なく、男女が対等に向きあって、結局のところは、なんとなく収まる、というところにある。

それと、性に関することが赤裸々に語られることである。男と女との和解が「自然に」行われたわけだが、そのような「自然」のこととして、性が隠したり拒否したりすることなく語られるのであろうか。

前に述べたが、『聖書』には、人間が知恵を獲得したときに、自分たちが裸であるのを恥ずかしく思うところがある。つまり、自然のままであることを恥ずかしいと思うのである。このような文化においては、性について語ることはタブーになるのだ。人間が自然を支配できた、と思っても、どうしても支配できないのが「性」ということである。したがって、父権の意識においては、性は嫌われ、ついには、自分たちに問題はないのだが、女性たちが誘惑するのがけしからん、ということになる。

そして、女性に「悪」の烙印を押そうとさえするが、これについては、また別の機会に論じることにしよう。それに比べると、このナバホのように「なんとなく」お互いが歩みよる、というのは、なかなか知恵のあることだと思う。

アマテラス的知恵

ナバホの知恵も大したものだが、このように自然に事が運びすぎると、ある意味ではうまくいきすぎて、文字を生みだしたり科学を生みだしたりする必要がなくなるようだ。

その点で、「女は男からつくられた」と考える――つまり、大変な無理をした――文化から、今日の文明がつくりだされてきているのは一考に値する。

しかし、現在の地球全体の状況を見ると、そろそろ父権の意識も考え直しが必要なのではないか、と思われる。

こんなときに、太陽を女神とする日本の神話が、あんがい大きい意味を持ってくるのである。

「太陽は女性である」というのは、女性を男性より優位と見ることだろうか。話はそれほど簡単ではない。

もし、女性の優位を考えるなら、すでに述べた地母神のように、母―娘の永遠のサイクルのなかで、男は下働き程度のことをする、ということになろう。

ところが、日本の日の女神のアマテラスは、母―娘のサイクルから出てきたのではない。彼女は「父の娘」なのである。詳しいことは略すとして、アマテラスは父親のイザナキの左の目から生まれてきたのだ。

彼女は母を知らない女性である。したがって、アマテラスの姿は単純に女性の優位性を示しているのではない。女性と男性のバランスの上に立っているのだ。

「父の娘」というのは、アメリカのユング派の女性の分析家が注目していることである。

ギリシャ神話の典型的な「父の娘」はアテーナーである。父親ゼウスの頭から鎧冑に身を固め雄叫《おたけ》びをあげて彼女は生まれてきた。

彼女は美しいが強く輝かしい。男たちは彼女の愛人になろうなどとは思わず、従者であることを誇りにする。

アメリカの能力の高い女性たちが、ウーマンリブの波に乗って社会で活躍し、地位や財産を獲得した。しかし、すべてを手に入れたと思いつつも、満足できない。それどころか不安や孤独感に襲われる。

彼女たちが分析家のところを訪れ気づいたことは、自分たちは「父の娘」ではなかったかということであった。一生懸命に自分の人生を生きているつもりで、「父の価値観」に従って生きてきたのであって、女としての自分の生き方を考えたのではなかった。

「父の娘」ではなく「個としての女性」を生きるには、どうすればいいのか。たくさんの従者を従えていても、彼女は孤独に苦しまねばならない。

アマテラスも「父の娘」である。しかし、アテーナーとは相当に異なる。アテーナーの父、ゼウスはギリシャの神々の主神としての地位を常に確保しているのだが、アマテラスの父親のイザナキは、アマテラスが生まれると高天原《たかまがはら》の統治権をアマテラスにさっさと譲って、自分は身を隠してしまう。つまり、彼は父権的意識を確立する意志など持っていないのである。

というわけで、アマテラスをアメリカの現代女性が言うような意味で「父の娘」と呼ぶわけにはいかないのである。

日本神話を読んでいくと、このような男性と女性の微妙な関係が要所に出てくる。要は、それほどはっきり割り切らないで、ということで、これもひとつの知恵だろうと思う。

熱烈な愛のゆくえ

ここでギリシャ神話のなかから、有名で、男女関係の種々のあり方を反映しているような話をいくつか取りあげて紹介してみよう。

常識に近いようなことだが、現在の若い人はあんがい知らないのではないかと思う——知っていれば、ばかげた恋愛をする人がもう少しは減るのではなかろうか。

まず、熱烈な愛の典型から。

ピューラモスとティスベーは、隣同士であったが両家の親は仲が悪かった。ピューラモスはバビュローンでいちばん美しい青年、ティスベーはいちばん美しい乙女と言われていた。

二人は恋に落ちるが、両親は結婚を許さない。ところが、両家を隔てる壁にひとつの割れ目があり、そこが二人の言葉の通い路となった。

二人は言葉のやりとりだけには満足できず、町の外にあるニノスの塚で会う約束をした。ティスベーは被衣《ベール》で顔を隠して出かけ、約束の場で待っていると、何かを屠って血だらけの口をしたライオンがあらわれる。

ティスベーは危うく逃げだすが、被衣を落とす。ライオンはその被衣に噛みつき、引き裂いてしまう。

ピューラモスは遅れてやってきて、血だらけの被衣とライオンの足跡を見つけ、恋人が殺されたと思い、剣を自らの胸に刺して死ぬ。そのときのほとばしる血で近くにあった桑の実は真っ赤になってしまう。

そこへティスベーが着き、事情を知って彼女も自らの命を絶ってしまう。二人の親も神々もそれをあわれと思い、二人はひとつの墓に埋められ、桑の樹はいまも赤黒い実を結んでいる。

この話を知って、ロミオとジュリエットの悲劇を思い起こす人は多いことだろう。熱烈な恋と両親の反対、それに、恋人二人の早まった誤解による悲劇という点では、まったく同じである。

熱烈な恋愛は悲劇で終わることが多い。しかし、熱烈かつ純粋な愛は、悲劇で終わらせるのがもっとも効果的なのだ、などと言う人もある。

確かに、ロミオとジュリエットがめでたく結婚し、七年目あたりにどんな生活をしているか、という話はあまりに魅力に乏しいと思われる。

恋愛は素晴らしいが、熱烈になりすぎると、お互いに早まった判断をして悲劇に至りやすい、ということも忘れてはならないことのようである。

短期間に燃えあがる炎のような恋ではなく、長期にわたって続く夫婦の姿については、「バウキスとピレーモーンの話」があまりにも有名である。

ゼウスが人間をためすべく、ヘルメースをともない人間の姿をして旅をし、プリュギアのある村にやってくる。ところが、もう夜遅くなっていたので、宿を乞う二人に村人たちはつれない応対をしてしまう。

そのときに、貧しい農夫のピレーモーンとその妻バウキスは、貧しいながらも精一杯のもてなしをする。

ゼウスは自分の身分を明かし、二人に小山の頂までついてくるように言う。その後でゼウスは洪水を起こし、村は湖の底に沈むが、二人の家は黄金の神殿に変じる。

ゼウスがそこで二人に望みを訊くと、二人は相談して、この神殿の番人にしてほしいということ、および、これまで仲よく暮らしてきたので死ぬときは同時に息を引きとらせてほしいということを願う。

ゼウスはその願いを聞き入れ、その後二人はその神殿の司祭者として暮らすが、あるとき二人の姿は菩提樹と樫の木に変じ、その後も、善良で仲のよい老夫婦のしるしとして、そこに立ちつづけている。

最後の二本の樹の部分は、日本の高砂の松を連想させるものがある。長続きしたこの二人の愛は、二人が仲よく過ごしたということを超えて、二人の心が自分たち同士よりもいっそう、他人に対して開かれていたというところに鍵《かぎ》があるのかもしれない。燃える火は温《あたた》かいがいつか消える。立ち木は燃えないが、いきいきと長続きする。ギリシャ神話のなかで、男女のペアを語るとき、男女のどちらの名を先にするか、場合によっていろいろあるようだが、この場合、バウキス（女性）の名を先に呼ぶ、というのも意味があるように思う。

すれ違う男と女

一方、すれ違う男女の愛の話となると、まず、アポローンとダプネーをあげることになるだろう。

話は恋の神エロース（クピードー）のいたずらからはじまる。アポローンにからかわれたエロースは、恋をそそる黄金の矢でアポローンを射ち、恋をはねつける鉛の矢でダプネーを射つ。

ダプネーは恋も結婚も嫌い、男をはねつける。しかし、アポローンは彼女を恋い慕い、捕らえようと追いかける。ダプネーは逃げまわっていたが、もう逃げ切れぬと思ったとき、父親の河の神に助けを求め、父親は彼女を一本の樹に変えてしまう。

アポローンは、彼女と結婚できぬ代わりに、彼女を自分の樹とし、その枝で冠をつくってかぶる。ダプネーは月桂樹になったのであった。

人間というものは、一方が他方に好意を感じていると、まずだいたいは相手も同様に感じている場合が多い。しかし、恋愛の場合のみはこれと異なり、相当な片想いが生じる。

この現象を説明するためには、エロースの気まぐれさによるとでも言うより仕方がないのかもしれない。

エーコーとナルキッソスの場合は、だいぶ事情が異なる。エーコーは美しい森のニンフで、ゼウスが恋人に会っている間を庇おうとして、ゼウスの妻へーラーの怒りに触れ、「こたえることはできるが、自分から話しかけることはできない」ようにされてしまう。

エーコーはナルキッソスと呼ばれる美しい青年に思いを寄せるが、自分からは話しかけられない。しかしとうとう、ナルキッソスの言葉に「こだま」という形でこたえを返すことができてナルキッソスの傍に行き、首に腕を投げかけようとした。

ところが、ナルキッソスはエーコーを振り切って行ってしまった。

それ以来、エーコーは洞穴や山の崖のなかなどに住み、悲しみのあまり体は消え失せ、声だけを残すことになった。これが、こだま(エーコー)の由来である。

ナルキッソスのこのような残酷さは、エーコーに対するだけではなく、ほかのニンフたちにも向けられた。

彼に拒まれた乙女たちの祈りにより、ナルキッソスは水に映る自らの姿に恋いこがれて死ぬ。このことから、自己愛をナルシシズムと呼ぶようになる。

相手の言葉に対してはこたえられるが自分から話しかけることはできない、というエーコーの話は、あわれな感じを誘うが、このようなタイプの女性もいると言えばいるし、またこのようなタイプの女性を好きになる男性もいる(ナルキッソスはそうではなかったが)。

そうして、自分の言葉の「こだま」を聞いているだけなのに、自分をよく理解してくれるとか、素晴らしい人だと思って結婚し、結婚した後に、「実体」がないことを知って後悔する、という場合もある。

処女神の怒り

男女の恋愛ではなく、男性が女性の世界に侵入し、娘を強奪するという話がある。

大地母神のデーメーテールの娘、ペルセポネーが野原で花を摘んでいると、冥界の王ハーデースが地下から四輪馬車に乗ってあらわれ、彼女を強奪して去っていく。

このように、女性の世界に男性が侵入してくるのは、世界各地にある基本的な物語と言ってもいいであろう。

母権あるいは母系の世界にあっては、母・娘の結合が強く、男性の存在は稀薄であるのだが、これが、父権的あるいは父系的な世界に移行していくときに、このような物語が生じるとも考えられる。

ペルセポネーはハーデースに連れ去られるが、男性の侵入を防ぐ話もあるからおもしろい。

アポローンと双子のきょうだいである処女神アルテミスは、狩猟を得意として、お供のニンフたちを連れ、山谷を自由に駆けまわっていた。

ある日、アルテミスがニンフたちと水浴をしているときに、アクタイオンがそれと知らずにその場にやってきた。アクタイオンも狩りの好きな青年で、犬を連れて狩りにきて、アルテミスの水浴の場に足を踏み入れたのである。

アクタイオンの姿に驚いてニンフたちは身をもってアルテミスを隠そうとした。アルテミスはニンフたちに取り囲まれながらも、闖入者の顔に水をかけ、「さあ、話せるなら行って、アルテミスの裸になっているところを見たと話すがよい」と言った。するとすぐにアクタイオンの頭には牡鹿の角が生えはじめ、彼はみるみるうちに鹿に変身させられてしまう。それを見たアクタイオンの犬たちは、鹿を追いかけ、自分たちの主人であるとも知らずに鹿を八つ裂きにしてしまうのである。

これは実に残酷な話であるが、処女神アルテミスの、自分の世界に侵入してきた男に対する怒りの強さを反映している。

この話から、アルテミスのローマ名である「ディアナ」を借りて、精神分析の世界では、「ディアナ・コンプレックス」なる用語を用いることがある。

ディアナ・コンプレックスとは、女性がきわめて自立的で男性的な役割を身につけ、男性どもを寄せつけないか、あるいは自分に従わせようとするコンプレックスのことである。

現代では、女性が相当な自立性を獲得するのはむしろ当然のことと考えられるので、とりたてて、ディアナ・コンプレックスなどという言葉を用いることは少なくなったようである。

もっとも、自立性はよいとして、自分に近寄ってくる男性の命を奪ってしまうのは、どうかなと思われる。

「心」と「愛」が結びつく

ここまですれ違いや、悲劇を述べてきたが、もちろん幸福な結婚もある。その典型として、怪物のために人身御供にされそうになった乙女アンドロメダーを、英雄ペルセウスが怪物退治をして救い、そして二人が結婚する、という話をあげることができる。

これはヨーロッパにおける、もっとも基本的な物語となった。その後、欧米において多くの英雄物語が語られたが、基本的にはこの形を踏襲していると言っていいほどである。

しかしながら、この話において、女性の役割はあまりに受動的である。怪物に捕らわれて英雄に救われるのを待つのみである。

ユング派の分析家、エーリッヒ・ノイマンが主張しているように、ここでは、確立された自我意識は、男性にとっても女性にとっても、「男性の英雄」の姿であらわされる。

これは、ヨーロッパにおける強い男性原理優位のために生じることであって、女性原理を重視するとどうなるのか、あるいは、「女性の意識」ということを考えるならば、このような英雄神話にのみ頼って意識のことを考えるのは、男性偏重の結果ではないか、という反省が近年生じてきた。

このような点について考えるのにふさわしい物語が、「エロースとプシュケ」の物語である。これは詳しく言えば、ずいぶん長くなるし、その詳細な分析は、ノイマンが『アモールとプシケー』(紀伊國屋書店)で行っているので、要点のみをつぎに紹介することにしよう(アモールはエロースのローマ神話名)。

プシュケはある王の三人姉妹の末娘。あまりにも美しいので、多くの人々がアプロディーテーに捧げるほどの尊敬を示す。そこで、アプロディーテーは怒り、息子のエロース(クピードー)に仕返しをさせようとする。しかし、エロースはプシュケを見て恋に落ちてしまう。

プシュケの二人の姉も美人で王子たちと結婚するが、プシュケの相手が見つからず両親がアポローンの神託を伺うと、「山の頂上に待っている怪物と結婚させせよ」という答えがある。

親たちは悲嘆するが、プシュケは運命に従うと決意する。

プシュケが山の頂にたたずんでいると、ゼピュロス(西風)がやさしく彼女を美しい谷間へ運んでくれた。

プシュケがひと眠りして目覚めると、素晴らしい宮殿のなかにおり、姿は見えないが「声」だけが聞こえてきて、その声はプシュケがこの宮殿の女王で、声は従者なので何なりと命令してくれと言う。

プシュケは図らずも、この宮殿のなかでこの世ならぬ快適な生活を送ることになる。プシュケの夫は夜だけきて明け方に帰るので姿は見えないが、やさしくてプシュケを心からかわいがってくれる。

夫の姿を見たいと思うが、夫はそんなことよりも愛しあっていることが大切だと言うので、プシュケもそれに従っている。

ある日、プシュケの姉たちに会いたいという願いを夫は聞き入れ、ゼピュロスが二人の姉を連れてくる。

姉たちはプシュケの生活を妬ましく思い、プシュケに夫は怪物に違いないのだから、灯りをつけて姿を見、怪物だったら刀で首を切れとそそのかす。

プシュケは姉たちが帰って後、彼女たちの助言に従って、夜、夫が寝ついてから灯りを取りだしその姿を見た。ところが、それは怪物どころか愛の神エロースだったので、この上もなく美しく魅力に満ちた姿であった。

プシュケがその姿をもっと見たくて、灯りを近づけたとき、蠟《ろう》のしたたりがエロースの肩に落ち、彼は目覚める。

エロースはすぐに翼をひろげて立ち去り、プシュケは追うことができない。

エロースは、母親のアプロディーテーの意に反してまで結婚したのに、これでまったく駄目になった、永久に別れようと言う。

プシュケは嘆き悲しむが、アプロディーテーの心を和らげるよりほかないと、彼女を訪れてその召使いとなる。アプロディーテーは意地悪く、つぎつぎとプシュケにむずかしい仕事を与える。

まず、いろいろな穀物が混じって入れてある倉庫で、それらをより分けて分類する仕事が与えられるが、これは蟻の協力で成し遂げることができる。

つぎに野生の羊のなかに金色の毛をしたのがいるので、それを集めてこいと言われる。このときも河の神の助言でうまく成功する。

アプロディーテーはまだ満足せず、冥府に下りて、ペルセポネーに会い、彼女の美しさを少し分けてもらってくるようにと言う。

プシュケは冥府に行くには死ぬよりほかないと思い、塔より身を投げて死のうとするが、塔の発する声に助けられ、うまくペルセポネーを訪ね、彼女の美しさを入れた宝箱をもらって帰途につく。

その箱は決してあけてはならないと「声」は忠告していたが、プシュケはそれによってより美しくなり夫を喜ばせたいと思い、箱をあける。だが、そこに入っていたのは冥府の眠りであり、彼女は死んだように眠ってしまう。

しかし、これを知ってエロースが飛んできて、プシュケの体から眠りを寄せ集めて箱のなかに閉じこめ、軽く矢でつついてプシュケを目覚めさせる。

プシュケは箱を持ってアプロディーテーのところに行き、その間にエロースは父親ゼウスを訪ね、なんとかアプロディーテーの怒りを和らげてくれるように頼む。

ゼウスは神々と謀り、アプロディーテーとプシュケの仲をとり持ち、プシュケには不死の神饌を与えて神の体とした後に、エロースとの結婚を許す。

ここではじめて二人は正式に結婚し、めでたく式をあげる。二人の間には月満ちて娘が生まれ、「喜悦《よろこび》」と名づけられる。

なんとも幸福な結末であるが、これをペルセウスとアンドロメダーの英雄物語と比較すると、女性の物語としての意味が歴然としてくる。

この物語は、序、死の結婚、禁を破ってプシュケが夫を見る行為、アプロディーテーが課した仕事の達成、幸福な結末、の段階に分けて考えられる。この意味についてごく簡単に論じてみたい。

何よりも強調しなくてはならぬのは、「死の結婚」の意味である。女性にとって結婚とは、乙女の死、そして妻としての再生であった。したがって、多くの社会において、結婚式は葬式と似通ったものになっているのである。

日本の花嫁の白無垢は「死に装束」であった。そこにあるのは、まず死の悲しみであった。その体験の後に、エロースとの素晴らしい結婚生活がある。

現代の先進国では、結婚における死の悲しみが忘れられ、喜びばかりが強調される欠点がある。このときに体験し損なった「死」を結婚してしばらくしてから経験させられ、その死ぬほどの苦しみに耐えかねて離婚するような、ばかなことをしている人もある。

プシュケは「死の結婚」を運命として受け入れる。

以後、プシュケはいろいろと能動的に行動するが、まず最初にこのような受動性が示されるところが大切である。

これに続くプシュケの幸福は、言わば「見ず知らず」の幸福であった。それが姉たちのそそのかしによって、夫の姿を見ることになる。

ここで、悪と見られる姉の行為がプシュケの成長に役立っていることを見逃してはならない。それによってプシュケは相当な苦しみを体験するのではあるが。

その後に行われる、アプロディーテーによる試練は、プシュケにとって必要なことである。これを男性の英雄に課せられる試練と比較するとおもしろいが、ここでは省略しておこう。

最後のところで、プシュケが忠告を守らず箱を開くところも重要である。彼女はここで母なる神アプロディーテーの美に対抗しようと決意するのだ。

これも危険のともなうことであったが、エロースの助けによって幸福な結末が得られる。プシュケは「心」、エロースは「愛」であるが、心と愛の結びつきから「喜悦《よろこび》」が生まれる、というのも納得のいくところである。

第四章　親子に横たわる葛藤

子ども心に深く響く

子どものときに読んだ物語で、印象が強くずっと忘れない、というものがある。私が子どもの頃は、アルス社の「日本児童文庫」というシリーズがあり、田舎には珍しく、わが家にはそれが揃えてあったので、そのなかでお気に入りのを読んでいた。そのひとつに、『世界神話伝説集』というのがあった。そのなかで、「四粒の柘榴の実」という題の話があり、それに妙に心惹かれて、よく覚えていた。

グリムの童話やアラビアン・ナイトのように、「おもしろい!」というのとは違う感じなのである。ハッピーエンドではないし、英雄が活躍するのでもない。それにもかかわらず、子ども心にも、深いところに響いてくるものがあった。

成人しても、ずっと心に残っていたが、長じてからユング研究所に留学し、神話に関する講義を聴いて、これが実に重要なギリシャの神話であることを知った。そして、その意味がわかるとともに、なんだか深く印象づけられていたのも、納得のいくような気がした。これはあまりにもよく知られている話であるが、要約を示す。

前章にも登場した大地の女神デーメーテールの娘、ペルセポネー(娘を意味する、コレーという名で呼ばれることもある）は、春の牧場で花を摘んでいた。彼女は一輪の水仙を摘もうとしたが、実はこれは主神ゼウスが彼女を冥府の王ハーデースの妃にしようと企んでさせたことであった。

彼女が水仙を摘むと、大地が割れて、黄金の馬車に乗ったハーデースが出現し、ペルセポネーを強奪し、地下の世界へと連れ去っていった。最愛の娘を失い、母親のデーメーテールは彼女を探しに出かけるが、なかなか見つからない。

とうとうそれがゼウスの企みであることを知ったデーメーテールは激しく怒り、神々のすみかオリュンポスに近づかず、人間の世界を放浪した。

女神は老婆の姿に身をやつし、人間世界をさまよううちに、エレウシースの王ケレオスの館に招かれる。彼女は悲しみのため押し黙って、食べ物を何も食べなかった。そこで王の侍女のイアムベーがいろいろとおかしな仕草をしたので、彼女も笑いだし、心がなごんだ。

その後、デーメーテールはケレオスの息子、デーモポーン（あるいは、トリプトレモス）の乳母となるが、彼を不死身にすべく夜な夜な火中に入れて、その死すべき部分を焼きつくそうとしていたのを発見される。

乳母が子どもを殺そうとしていると思われたのだが、ここで女神は本身をあらわし、人々は驚く。

女神が天に帰らないので、大地は実らず、家畜も増えず、人々は困りはてるので、ゼウスはハーデースにペルセポネーを地上に帰すように命じた。

しかし、ハーデースは一計を案じ、ペルセポネーが彼のもとを離れようとするときに、ざくろの実を食べるようにすすめる。何も知らないペルセポネーは、ざくろを四粒食べた後に、母親のもとに帰ってくる。

ところが、死者の国で食物をとった者は、その国との縁を断ち切ることはできないという掟がある。

そこで、ペルセポネーはハーデースの計略どおり、地下に帰らねばならない。そうなると、大変なことになるので、ゼウスは妥協案を考えだし、ペルセポネーは、ざくろを四粒食べたので、一年のうちの四ヵ月は地下の夫のもとで暮らし、後の八ヵ月は母親のもとで暮らすようにした。

このため、一年のうちの四ヵ月は、デーメーテールが大地を実らさないので冬がくるが、その後に春がくる、ということが毎年繰り返されるのである。

これが、「四粒の柘榴の実」の物語、正式には、「デーメーテール・ペルセポネー（コレー）」の物語である。子ども心にも、何か深く印象づけられるものがあったが、やはり、つぎに述べるように、人間のあり方の根源にかかわる物語だからだったのであろう。

底知れぬ母・娘の一体感

人類の精神史というのを考えるとき、母・娘の一体感というのが、そのいちばんの基礎にあると思う。

なんと言っても、子どもは母親から生まれてくる、ということは絶対的な真理である。したがって、前にも述べたように、母なる神というのが世界中の神話において大きい位置を占《し》めている。そこで、男性のあり方をどのように考えていくか、という点についてもすでに論じた。

ところで、「母」の偉大さに注目すると、母が娘を産み、母親はそのうちに死ぬとしても、その娘が母親となって娘を産めば、その家族はずっと続くことになるので、母→娘という系列がまず大切となる。というよりは、要は、「母」さえおればよいということになって、娘は母になるのだからと考えると、母・娘の一体感というものが、人間が永続していくための基礎ということになる。

この際は、男の存在ということは、あまり意識されておらず、母・娘というのは一体なので、それぞれ個別の女性という意識もない。

この一体感を破り、娘は母と異なる存在であることを意識するためには、この強力な一体感的結合を破る、男性を必要とする。これが、デーメーテール・ペルセポネー神話の根本の骨組みである。

つまり、この世界に対して、強力な男性、ハーデースの侵入が必要になってくるのだ。男性のものごとを「分ける」力が役立つのである。

このような神話的レベルの出来事は、実際の生活ではどのようにあらわれてくるのだろうか。

もうずいぶんと昔のことになるが、学生相談室に女子学生が相談にきて、「地震恐怖症」のために外出ができないと言う。そして、もうすぐある学期末試験が受けられず、それでは留年してしまうので、今日は必死の思いでやってきた、と言う。

ゆっくりと話を聞いているうちに、この女子学生が、恵まれた家庭に育ち、当時の考えで言えば、そのまま両親のもとで育ち、望ましい縁談を得て、結婚すればめでたし、めでたし、と言えるような境遇であったが、なんとか新しい生活をしたいと思い、両親を説得して大学に進学してきたことがわかった。当時は、田舎であれば、女性が四年制大学に進むのは珍しかった。

それを聞いていて、私はすぐにペルセポネーのことを想起した。彼女の言う「地震恐怖症」とは、急に部屋が揺れてきて、「地震だ」と思うのだが、気がつくと何も揺れていない、という状態が日に何度もあって、恐ろしくて外出もできない、というものである。

このことは、彼女の内面の世界において、強力なハーデースが出現しつつあることを意味するのではなかろうか。こんなことを私は考えていたが、もちろん何も言わず黙って彼女の話を聞いていた。

その後、彼女は続けて来談するが、話を聞いてもらっているうちに落ち着いてきたのか、「地震は起こらなくなった」、しかし、別の怖いものに気がついた。それは男子学生である、と彼女は言う。それまでは、ともに学んでいる者として何とも意識していなかったが、それが「異性だ」と思うだけで、隣に座られたりすると恐ろしくてたまらないのだ、と言う。

何回か会っているうちに、彼女は平気で大学に行き、行くのも楽しくなった。というのは、「新しいよい友だちができたから」と言った後に、それは「男の学生ですけれど」とつけ加えた。

私が驚いて「ボーイフレンドができたのですか」と言うと、「いえ、いえ、そんなのではなくて、ただの友だちです。その友だちが偶然、男だったというだけです」と、彼女は抗弁したが、彼女が母・娘一体の世界を出て、一人の女性として生きようとするとき、やはり男性が出現してきたこと、しかし、それは最初、大変な恐怖心を持って予感されたこと、が私には感じられたのであった。

母・娘一体感はなかなか強力で、たとえ、娘が結婚しても、その強い心理的結合は簡単には破れず、ことごとに、母・娘結合の世界に戻ろうとして、周囲を困らせることもある。

あるいは、母・娘連合軍に囲まれて、男は小さくなったり、心理的には外にはじき出されたりしている家庭もある。

女神の受難

ギリシャの神話「四粒の柘榴の実」を紹介したが、これとほとんど同じと言ってよいほどの神話が、日本にあることを、日本人としては知っておくべきであろう。

それは、日本神話のなかの偉大な女神、アマテラスの受難の物語として語られる。「天《あま》の石屋《いわや》戸《と》」神話として知られている話で、知っている人も多いと思うが、簡単に要約する。

アマテラスとその弟スサノオは、ともに父親のイザナキから生まれる。父親はアマテラスに高天原《たかまがはら》を治めよと命じ、スサノオには海原を治めよと言う。しかし、スサノオは命《めい》に服さなかったので追放される。

そこで、スサノオはその前に姉に挨拶してこようと、高天原にいるアマテラスを訪ねるが、彼女は弟が自分の国を奪いにきたと誤解して、武装して待ち受ける。

スサノオは挨拶にきただけだと弁明するが、アマテラスはそれを信じず、それじゃ、どちらの心が清らかかためしてみようということになり、アマテラスはスサノオの刀を取って嚙み砕いて子どもを生み、スサノオはアマテラスの勾玉を嚙み砕いて子どもを生む。

この結果については類話がいろいろあるが、『古事記』に従うと、スサノオが女の子を生んだので、清らかな心であることが立証されたことになる。

スサノオは喜びにまかせて、乱暴をはたらき、アマテラスが機を織っているときに、馬を逆剝ぎにして機小屋に投げこんだので、そこにいた機織女が梭《ひ》で性器をつかれて死んでしまった。

これには、アマテラスも耐えられず、天の石屋戸に籠ってしまった。このために世界が闇になってしまい、神々は困ってしまう。そこで、神々が工夫をこらして、アマテラスをふたたびこの世に誘いだす。

そのときの詳細は略すが、アメノウズメが裸になって踊ったので、神々がどっと笑い、それを不審に思って、アマテラスが出てきたことは言っておかねばならない。

日本の神話では、スサノオがアマテラスに暴行をしたなどとは語られていない。それに出てくるのはアマテラスだけで、母・娘ではないじゃないかと思われるかもしれない。

ところが、『日本書紀』にある類話のなかには、スサノオが馬を投げこんだときに、梭に刺されて死ぬのは、ワカヒルメという女神だと語られている。

アマテラスは、オオヒルメとも呼ばれるので、これはアマテラスの娘だろうと推察される。

それにもうひとつ注目すべきことは、デーメーテールに笑いをもたらしたイアムベーの仕草のなかには、性器を露出して見せた、という話がある。

性器を見せて笑いを誘うというテーマは、アメノウズメと同様である。ここでは、「笑い」ということが、世界が開けることにつながり、冬から春へ、暗い世界から明るい世界への「開け」ということと関連してくる。

母・娘結合が破られ、母から分離したものとしての娘の姿を確認することは、古い母が死んで新しい母が生まれる、という「死と再生」のパターンを示すことになる。この「死と再生」ということは、自然現象で言えば、夜になって「死んだ」と思われた太陽が朝になって「再生」してくる、という点とか、冬になって「死んだ」と思われた植物が、春になって「再生」してくる、ことに見ることができる。

これらのイメージが、アマテラスの天の石屋戸神話や、デーメーテール・ペルセポネーの神話に語られている、と考えられる。

「父の娘」に気づいて

娘が母から分離して、独立していくとしても、その娘は結局は母となっていくのだから、言うならば同じことの繰り返しである。したがって、ここまで語ってきたような「神話の知恵」は、人間がもっと個性を持った個人として成長していく上においては、物足りぬと言わねばならない。

その点を考えるためには、男性神が主役となる神話が適切ではないか、ということになる。

西洋近代になって、自立した自我の確立ということが重視されるようになるが、それは神話的なレベルで言うと、男性の英雄神の姿であらわされる(この点は、のちに詳述する)。したがって、欧米においては、女性も自我の確立に努力する限り、男性の英雄神話を生きることになる。

確かに、現代のアメリカ女性を見ると、彼女たちは男性に劣ることなく、いろいろな職業において男性と同等、あるいはそれ以上に活躍している。ところが、そのように成功を収めている女性たちの間から反省が生じてきた。

これについては第三章でも触れたが、社会的には「成功」しながら、深い悩みを持って分析家を訪れてきたアメリカの女性たちとの話しあいのなかから、自らの生き方についても考えて、新しい見解を述べたユング派の女性の分析家による著作に述べられている。

ユング派の女性の分析家シルヴィア・ペレラは、現代アメリカ女性の心理的課題を、「父の娘」という言葉によって説いている(『神話にみる女性のイニシエーション』杉岡津岐子ほか訳、創元社)。彼女の表現によると、現代アメリカ社会で成功している女性の多くは、「父の娘」である、という。

これは、つまり、一般に「父性原理」と呼ばれる考え方、ことの黒白、善悪などを明らかにし、ひたすら肯定的なことを求め、マイナスを排除し、より自立的にしっかりと生きることをよしとする生き方を、現代の女性も達成しようとがんばってきた。

しかし、欧米においては、長い間にわたって、このような父性原理による生き方は、男性には可能であっても、女性にはできないと考えられてきた。それに対して、現代においては、フェミニズムの運動などによって、女性も男性と同様に「父性原理」によって生きることが可能だと主張し、実際に多くの女性がそれに「成功」したのだ。

無理解な男と闘ったり、父性原理優位の社会のなかで、成功しようと競ったりしているうちはよかった。しかし、それが手に入ってしまうと、彼女たちはそれでは満足できなかった。

こんなのは本来の自分の姿ではない、と感じはじめたし、深い不安や淋しさに襲われる者もあった。つまり、彼女たちは、自分たちの本来の生ではなく、「父の娘」として、父の意志に従って生きてきたことに気づきはじめたのである。

ここに言う「父」は、個人的な父親というより、西欧社会、特に、アメリカ社会全般を支配している「父性原理」のことをあらわしていると見たほうがいいだろう。そのような、「父の娘」であることをやめ、本来の女性として、「個としての女性」を生きるには、どうしたらいいのだろうか。

「個としての女性」の生き方を考える上で、ユング派の女性の分析家たちが注目したのは、ギリシャよりもっと以前の古代オリエントの知恵であった。

詳しく話せば長くなってしまうが、細かいところを切り棄て、前記のシルヴィア・ペレラが注目した、シュメールの「イナンナの冥界下り」の神話を紹介する。これも大女神の受難の話なのである。

大女神イナンナは冥界に下っていくが、その理由は定かでない。彼女はその前に、侍女のニンシュブルに、もし自分が三日経っても戻らなければ、神々に助けを乞うように命じておく。

イナンナは彼女の姉で冥界の女王であるエレシュキガルの許可を受けて下降するが、そこでは身につけたものをすべて取り去られ、裸にされ、ついには死体となって木釘にぶらさげられる。大変な受難である。

三日後、侍女のニンシュブルは神々に援助を乞うが、神々はあまり乗り気ではない。とうとう、最後に訪ねた父なる神エンキが、爪の垢から生物をつくりだし、それが助けてくれて、イナンナを冥界からこちらの世界に連れ戻してくる。しかし、イナンナは自分の身代わりを差しださねばならない。

冥界の悪霊は、侍女のニンシュブルやイナンナの息子を身代わりにと言うが、イナンナは拒む。そして、イナンナの夫ドゥムジが、イナンナの受難の間も平気で生活を楽しんでいたことを知って、ドゥムジを身代わりとして差しだす。

ドゥムジは逃げまわり、姉のゲシュティンアンナに救いを求める。結局、イナンナは、ドゥムジとゲシュティンアンナに対して、それぞれ半年ずつ冥界に留まるようにして、解決する。

やや簡略化しすぎた感があるが、これも大女神の受難の物語である。この話が、デーメーテールの物語と異なるのは、イナンナの下降の理由がわからない点である。デーメーテールの場合は、侵入してくるハーデース、調整者の主神ゼウスはともに男性で、これは母・娘の物語でありながら、「男性の目」から見た物語である、とペレラは主張する。

これに対して、イナンナの物語は、「女性の目」から見た女性の物語である。デーメーテールは豊饒の女神であった。しかし、イナンナはもっと複雑である。

ペレラはイナンナについて、「豊饒、秩序、戦争、愛、天界、癒し、情動、そして歌の女神としての力」を持つと言い、矛盾した要素をいっぱいかかえこむ彼女の姿をもっとも端的に伝えるのは、「処女の娼婦」ということになろうと言う。あるいはここで「聖なる娼婦」という言葉も思い浮かぶであろう。

矛盾を排して明確な分類をするのが「父性原理」の特徴である。いろいろと明確な分離を行って、肯定的なものを「支配」し「操作」することによって「進歩」していこうとするのが父性の意識なら、母性の意識はすべてをかかえこむのだ。つまり、区別することなくすべてを受け入れるのである。

ペレラは、「イナンナの受容性は能動的なもの」と言っている。

そのようなイナンナにとってまず大切なことは受難であった。ほかから強制されたものとしてではなく、ともかく受苦をもって話をはじめる。これをペレラはキリストの受難の道筋と比較して、「人間の罪ではなく、大地の求める生命と再生のために、イナンナは自らを犠牲にする」のであり、イナンナがかかわっているのは「善悪というよりも命」なのだと指摘している。

このような受難を経て、イナンナはふたたび天界に帰るが、地上と地下の世界においては、ドゥムジとゲシュティンアンナ、つまり、男性と女性の「循環」が行われている。これは「父性原理」の好きな「進歩」とは異なるイメージである。

ともあれ、現代アメリカにおいて、このような女性の受難の再評価が行われていることは注目に値する。

親殺しに至るまで

母性の問題について論じてきたが、かつては母性と言えばプラスのことばかりだった。しかし、女性の自立ということを考えると、母性にひたり切ることのマイナス面も意識される。後者が強くなると、子どものことなど構っておれない、ということにもなる。

最近は子どもの虐待が社会問題として、大きく取りあげられるようになった。アメリカではずいぶん以前から問題視されていたが、とうとう日本もそうなったかと思う。親は子どもを慈しむのが当然であるのに、どうしてこんなことが起こるのかと慨嘆する人もある。確かにそうだとは思うが、神々の物語を見ると、親子の間の葛藤の激しさに驚いてしまう。

ところで、棄て子の話は世界中にある、と言っていいだろう。そして、子どもを棄てる話が、その子による親殺しの話に発展するものがある。この話の典型としては、みなさんよくご存知のオイディプスの話を取りあげねばならない。周知とは思うが、一応、話の要約をしてみよう。

これは人間の話ではあるが、ギリシャ神話のなかで語られているので、取りあげることにした。いろいろ異説もあるが、物語はつぎのようである。

テーバイの王ラーイオスは神託によって、生まれた男の子が父親殺しになるだろう、と知りつつ妻のイオカステと交わり、男の子が生まれた。そこで、その子の踵をピンで貫いて棄てた。

しかし、その子は羊飼いに拾われ、後に隣国のコリントス王の養子として育てられた。その際、子どもの足(pod)が腫《は》れて(oidein)いたので、オイディプスと名づけられた。

オイディプスは成人して、デルポイのアポローンの神より、父を殺し、母を妻とするだろうとの神託を受け、コリントス王を父と信じていたオイディプスは、それを逃れるため、コリントスに帰らずにテーバイに向かった。

神託による運命を避けようとする人間の努力が、結局は神託を成就させることに役立つという話の典型である。テーバイに入ったオイディプスは、山道で出会った老人と些細なことで争い、殺してしまう。それは実はテーバイの王、すなわち、彼の父親のラーイオスであった。

その頃、テーバイは怪物スピンクスに苦しめられていた。「一つの声を持ち、四足、二足、三足になるものは何か」という謎をかけ、解けない者を食ってしまう。それを、オイディプスは、「人間である」と解き、スピンクスを退治し、それによって彼はテーバイの王となり、知らずして母のイオカステを妻とする。

オイディプスの素生はその後明らかとなり、イオカステは自殺し、彼は自らの目を突いて盲目となった。

この物語は、ソポクレースの悲劇『オイディプス王』によって有名になるが、これを観たフロイトが、この物語にヒントを得て、「オイディプス・コンプレックス」を提唱したので、ますます一般に知られることになった。

フロイトは、男性は、子どものときに母親と結婚したいという願望を持ち、父親に敵対心を抱くが、父親によって罰せられるという不安を抱く、このような葛藤は一応心のなかで解消されるが、以上に述べたような感情は無意識にコンプレックスとして残り、成人した後も、彼の行動に影響を与える、と主張した。

フロイトにとって、オイディプス・コンプレックスは、人間に普遍的なものであると考えられた。

フロイトがこの考えを発表した頃は、多くの人がショックを受けたり、頭から拒否してかかったり、大変なことだったが、時とともに一般に受け入れられるようになった。

なんと言っても、このオイディプス・コンプレックスは、人間の心の無意識内に存在しているので、平素はそれに気づかないのだが、何かの加減で、それを意識させられる、というところにその特徴がある。したがって、はじめはそんなばかなことがあるか、と思っている人でも、そのうちに、自分の経験を通じて、なるほどと納得することがある。

なかなか能力もあるし、平素はしっかりとした判断力のある人が、目上の人との関係になると、急に攻撃的になってきて、しなくてもいいような反抗をして、結局は職を失うことにさえなる。

このような人を観察していると、オイディプス・コンプレックスに動かされているな、と思う。

父・息子の対立というのは相当なもので、この対立の図式が意外なところに持ちこまれてきて、人間の生き方に作用を及ぼす。

フロイト自身も、父親との間に葛藤を体験した人で、彼自らの人生から考えても、思い当たる節が多かったのだろう。

母親と息子の間

フロイトのオイディプス・コンプレックスの考えを多くの人が承認し、特に、精神分析を学ぶ人にとっては、それは金科玉条とも言うべきものと考えられていたときに、それに対して重要な疑問を提出した人物がいる。それは、フロイトに直接分析を受けたこともある、日本人の古沢平作《こさわへいさく》である。

彼はオイディプス・コンプレックスそのものに疑問を持ったのではなく、それだけを人間にとっての根本的なものと考えることに疑義があり、もうひとつ大切なことがあるのではないか、と主張したのである。

彼は日本人らしく、父・息子の関係のみならず、母・息子の関係も同等に大切ではないかと考えたのである。彼は自説を述べる上において、フロイトがギリシャ神話に依ったのに倣って、仏教の物語に沿って論を展開した。ここでも、「神話」が一役を担ったということができる。

彼は、仏教経典に語られる、「阿闍世《あじゃせ》」の物語を用いているのだが、ここに古沢が紹介している話の要約を示す。

王舎城《おうしゃじょう》の頻婆娑羅《びんばしゃら》王の王妃、韋提希《いだいけ》は、子どもがない上に、年老いて容色が衰えてきたので、王の愛がうすれるのではないかと案じ、予言者に相談すると、裏山の仙人が三年後に死ぬと、王妃の子どもとして再生し、立派な王子になって生まれかわる、とのこと。

王妃は三年が待ち切れず、仙人を殺す。

彼は死に際に、自分が韋提希の子として生まれてきたとき、必ず父親を殺すと予言する。こうして生まれてきたのが阿闍世である。

阿闍世は成人したときに自分の前歴を知って苦悩するが、予言どおり父親を殺そうとまず父親を幽閉する。しかし、王妃は瓔珞《ようらく》に蜜をつめて、ひそかに王にさし入れていたので、王は生きながらえる。

阿闍世は母の行為を知って、母を殺そうとするが大臣に押しとどめられる。彼は流《る》注《ちゅう》という病気になり、苦悩は深まるが、釈迦《しゃか》によって救済される。

この物語によって古沢の言いたかったことは、フロイトの父・息子関係によって論じられる罪悪感は、息子が父親殺しという大罪を犯してしまったために生じるものだが、阿闍世の物語では、母親と息子の間に葛藤があり、息子が自分の罪を許されることによって、むしろそこに罪悪感が生じることもある、という点である。

阿闍世は罰せられるのではなく、釈迦によって救済されるのである。

そこで、古沢平作は「罪悪意識の二種」という論文を一九三一年に書き、オイディプス・コンプレックスのみではなく、阿闍世コンプレックスも人間理解の上で重要であると主張し、それをフロイトのもとに送った。残念ながら、古沢の説はフロイトにも他の精神分析家にも注目されなかった。

しかし、一九七〇年代になって、日本文化の特徴を論じる上において、重要な概念として、阿闍世コンプレックスを取りあげる動きが生じ、また精神分析学としても、それまでの父・息子の関係に加えて、母・息子の関係も考慮すべきだという考えが生じてきたので、日本文化ということを超えて、注目されるようになった。

それとともに興味深いのは、阿闍世コンプレックスについて述べる際に古沢平作やその弟子の小此木《おこのぎ》啓吾《けいご》の語っている阿闍世の物語は、もともと仏典の『涅槃経《ねはんぎょう》』に語られている内容とは、異なったものになっていることが明らかになったことである。『涅槃経』には、阿闍世が父親を殺したことは語られているが、母親を殺そうとしたとは書かれていない。

『涅槃経』によると、阿闍世は父親を殺し、その罪によって地獄に堕ちるものと苦悩しているときに釈迦があらわれ、「三世《さんぜ》を見透しています仏陀《ぶつだ》が、大王(阿闍世)が王位の為に父を殺すべしということを知り乍《なが》ら」そのようなことをとめなかったのだから、阿闍世の罪とばかり言っておられない。「大王が地獄に堕つるときは諸仏も共に堕ちねばならぬ」というわけで、釈迦は阿闍世を救うのである。

このような話に接すると、父の厳しさに対して、釈迦の態度は母の愛を思わせるものがある。ユダヤ・キリスト教においては父性原理が優勢なのに対して、仏教では母性原理が大切であり、そのことを強調したい気持ちがはたらくなかで、古沢や小此木が無意識のうちに、阿闍世の物語を、母親を重視するように変化させたと考えると、納得がいくのである。

阿闍世のもともとの話が、古沢平作や小此木啓吾の心のなかでどのように変化していったかを論じるのも興味深いことであるが、ここではそれを割愛するとして、ともかく、ここに母親殺し、というテーマが浮かびあがってきたことは注目に値する。親は子を棄てようとするし、子どもは父を殺し、母を殺そうとする、などと言うとまったく無茶苦茶な話になるが、ここで一歩退いて、もう少し話を象徴的に見てみると、どうなるだろう。

人間は自立していくためには、象徴的には、母親殺しや父親殺しをしなくてはならないし、象徴的には親は子どもを「棄て」ねばならない、と言えるだろう。

このような象徴的行為をやり抜く力のない親子が、実際に子どもを棄てたり、親殺しをしたりしている、とも考えられるのである。

偉大な英雄になった棄て子

象徴的には親は子どもを「棄て」ねばならない、と言ったが、神々の世界でいうと、棄て子こそが、立派に成長するのだ、と言えそうである。

『旧約聖書』にあるモーゼの話はその典型のひとつである。「出エジプト記」によると、イスラエルの民を嫌ったエジプトの王は、「ヘブルびとに男の子が生まれたならば、みなナイル川に投げこめ。しかし女の子はみな生かしておけ」と言った。ところが、「レビ家のひとりの人が行ってレビの娘をめとった。女はみごもって、男の子を生んだが、その麗しいのを見て、三月のあいだ隠していた。しかし、もう隠し切れなくなったので、パピルスで編んだかごを取り、それにアスファルトと樹脂とを塗って、子をその中に入れ、これをナイル川の葦の中においた」。

ここで生まれた子は三ヵ月はかくまわれていたのだが、川に棄てられてしまう。この際、親が自発的に棄てたのではなく、それは王の命令によるものであり、むしろ、王に従って子どもを殺さずに棄てたところが、オイディプスの話とは異なる点である。

川に流された男の子のことを心配し、その姉がそれを遠くから見ていた。その後に、ファラオの娘がかごのなかの幼子を見つけるが、姉がすかさず出ていって、この子に乳を飲ませる乳母を呼んできますと言う。

彼女はそうして、男の子の母親を連れてきたので、幼子は結局、母親の乳で育てられる。この子が成長してモーゼになるのである。モーゼがどれほど大きい仕事をその後にしたかは、ここに語る必要はないだろう。

もう一人の棄て子の話をしよう。それは、ギリシャ神話の英雄ペルセウスである。ギリシャ神話のダナエーの父親、アルゴス王、アクリシオスは、娘の産む子によって自分は殺されるという神託を受ける。オイディプスの場合は、彼の父親が自分の息子に殺されるという神託を受けるのだが、この際は、娘の産む子、すなわち、孫によって殺されるというのである。

アクリシオスは、娘のダナエーを一室に閉じこめ誰にも会えぬようにしておいた。しかし、ギリシャの主神ゼウスが黄金の雨となって忍びこんできて、そのためダナエーは懐妊し、子どもを産む。

このことを知ったアクリシオスは、怒ってダナエーとその子を箱に閉じこめて海に流してしまう。この場合も普通の「棄て子」とは少しパターンが違い、母と子がともに棄てられるのである。

この棄てられた母と子は、一人の漁師に助けられ、その国の国王のところに連れていかれる。ここから、この子、つまりペルセウスのゴルゴン退治などの英雄物語がはじまるが、それは省略しておこう。

モーゼもペルセウスも偉大な仕事を成し遂げた英雄であるが、どちらも「棄て子」である。これは何を意味しているのだろう。

それと不思議なことに、彼らは「棄て子」ではあるが、成人するまで母親との関係は保持されている。それはむしろ固い絆と言ってもいいだろう。彼らを棄てたのは母親ではなく、「王」つまり権力者である。

このことは、棄て子とは時の権力者が共存を許さない者であり、だからこそ、彼らは古い秩序とは異なるものをもたらす英雄となることを意味している、と考えられる。

この際の「棄て子」は、文化的・社会的な意味合いで言われているので、個人的関係としての母親との関係は継続している、と言えるだろう。つまり、時の権力者から棄てられる者こそ、英雄になり得るというわけであろう。

ここでもう少し個人的な場合について考えてみよう。モーゼやペルセウスのように、外部の権力者の圧迫に対して、母親が子どもを守るという図式はわかりやすい。しかし、現代の一般の家庭で育つ子どもにすると、特に日本であれば、子どもを圧迫する「権威者」は、母親であると感じられる。

「勉強しなさい」「早くしなさい」と常に命令するのは母親である。そのような母親に反抗するとともに、その母親に守られねばならない、という矛盾をどう生きるか、というところに、現代の家庭の課題がある。

この点をよく認識していないために、母のほうにも子どものほうにも混乱が生じ、母子の間に無用な誤解や反発が生じている例が多い。

父親がもう少し関係してきて、父母の協力によって、この矛盾をうまく生きていくことができればいいのだが、日本では、育児のときに父親があまり役割を担わなかったので、混乱が助長されたと思う。

最近は、父親が育児に参画するケースも増えたようだが、母親の助手の役割をしている程度である場合が多いので、問題の本質は解決されていないようである。現代では、育児はなかなかの事業なのである。

待たれるヒルコの帰還

話を文化的なことに戻すことにしよう。モーゼやペルセウスの例に示されるように、そこに存在する文化や社会の外へと棄てられた子が帰還してくるときは、英雄となるのであるが、これを日本の場合について考えてみよう。

日本神話にも、棄てられた神がある。それはヒルコである。

『古事記』によると、最初の夫婦神、イザナキ、イザナミが結婚式をあげるとき、柱をめぐって二人が出会ったときに、女神のイザナミが先に声をかけ、続いて、イザナキが声をかけた。その結果ヒルコが生まれたが、二人はヒルコを葦船に入れて流してしまった(ここでは、なぜヒルコを棄てたのか理由は書かれていない)。

その上で、二人が天の神に相談すると、女が先に声をかけたのがよくなかったのだと言われる。そこで二人は結婚式をやり直して、このときは男神が先に発声したので、その後で、日本の国々などを生んだ。

この棄てられた神ヒルコはどのような神だったのだろうか。

『日本書紀』の本文には、『古事記』とはまた違ってイザナキ、イザナミが先に日本の国土などを生んだ後に、「天下の主《ぬし》となる者」を生むと言って、アマテラス、ツクヨミ、と生み、次にヒルコを生んだが、三歳になっても足が立たなかったので天磐櫲《あまのいわく》樟船《すぶね》にのせて流してしまった、その後でスサノオを生んだ、と語られている。

つまり、ヒルコはもともと「天下の主となる者」の一人のはずだったのだ。実際、アマテラス、ツクヨミ、スサノオは、『古事記』においても三貴子と呼ばれ重視されている。

このようなヒルコをどう考えるかについては、いろいろと異説があるが、私はアマテラスが「オオヒルメ」と呼ばれることから考えて、ヒルコはヒルメ(太陽の女神)に対立する「太陽の男性神」だったのではないかと考えている。

これらの論を展開するためには、日本の神話全体に対する考察が必要であるが、それは拙著『神話と日本人の心』(岩波現代文庫)に譲って、ヒルコについての重要な点を要約すると、つぎのようになるだろう。

日本の神話の基本的な構造は、アマテラス・ツクヨミ・スサノオの三神の関係に示されている。

アマテラスとスサノオの間には対立や葛藤、そして妥協が認められるのだが、中心のツクヨミは無為のままである。つまり、中心に存在する無為の神をめぐって、他の神々の間にバランスが生じ、全体として調和のとれた構造になっている。

その他の神々のことにまで言及することは紙幅が許さないが、日本の神話を詳細に検討していくと、実に巧妙なバランス関係があり、それらは全体として均衡しているが、中心にある原理や力によって全体が統制されているのではない。このような構造を、私は日本神話の「中空均衡構造」と呼んだ。

このような構造の特徴は、一神教の世界においては、唯一の神の持つ原理や力によって、全体が統合されているのと対比すると、よくわかるであろう。

グローバリゼーションの波の高い今日において、欧米の人々の考え方や組織のあり方と日本のそれとを比較検討することがよく行われるようになったが、そのことを日本の「中空均衡型」と、欧米の「中心統合型」の差として考えてみると、いろいろとわかることがあるだろう。

そこで、ヒルコのことである。そもそも、太陽を女神とする文化は世界でも珍しいが、ここにも日本人のバランス感覚が示されているとも言える。これに対して、太陽の男性神は明確で強く、中心に位置して力をふるおうとする傾向が強いのではなかろうか。

ヒルコを男性の太陽神と考えると、それは日本的均衡構造を破る者として、排除せざるを得なかったのではないか、と思われる。端的に言えば、ヒルコは一神教的傾向を持っていたのである。

それではヒルコの「帰還」はどうなっているのか、ということになる。私は、日本もそろそろ、ヒルコの帰還を考えるべきではないかと考えている。

しかし、欧米の社会に見られるいろいろな行きづまりを見ていると、ヒルコが帰ってきて、日本の古い神々を放逐し、自ら一神教の体制をつくりあげるのが望ましいとは、考えられないのである。

中空均衡構造に相容れないために、ヒルコは棄てられたのだから、帰ってこようとしても居場所がないのではなかろうか。

しかし、このような矛盾を矛盾と意識しつつ、それに挑戦していくことが、今世紀の課題ではないかと私は考えている。矛盾のないひとつのモデルによって考える時代は終わったのである。

第五章　生きた知恵

だまし、だまされて

世界中の神話で大活躍をするキャラクターとして、トリックスターというのがある。日本語に訳すなら、いたずら者とか、ぺてん師とでも言うより仕方がないが、単なる「いたずら」を超えて、悪者としか言いようのないときもあれば、いたずらから思いがけない成功が生じてきて、英雄のように見えるときもある。

神話学者のカール・ケレーニイや深層心理学者のカール・グスタフ・ユングとともに『トリックスター』(皆河宗一ほか訳、晶文社)という書物を書いた、文化人類学者、ポール・ラディンは、トリックスターのことを、「文明のそもそものはじめから、特別に、また永遠に訴える力と、人類にとっては珍しい魅力とを持った人物」と言い、「トリックスターは創造者であって破壊者、贈与者であって反対者、他をだまし、自分がだまされる人物である」と述べている。

ともかく一筋縄では決して捉えることのできない存在である。アフリカや北米の先住民の間には、トリックスターが神話のなかの実に重要な地位を占めている。それらのなかの典型とも思えるものを、ラディンの書物から紹介することにしよう。

ウィネバゴの酋長が——これがトリックスターなのだが——戦いに出る準備をする。まず宴会を開くので、鹿を四頭持ってこさせ、料理をしてたらふく食べると、中座して自分のテントのほうに行ってしまう。客が見にいくと、酋長が女を抱いて寝ている……というのだが、これはウィネバゴにとってはすべて途方もない話なのである。まず、ウィネバゴの酋長はいかなることがあっても戦いに出てはいけないのだ。それに客がいる間に主人が中座することも、戦いに出る前に男女が交わることもすべて禁止されている。つまり、酋長はもともと戦いに行くつもりなどなく、みんなをだまして、鹿の御馳走《ごちそう》にありついただけの話である。

彼は旅に出て野牛を捕らえるが、それを右手で料理をしていると、左手がそれは自分のものだから返せと野牛をつかむ。つまり、彼の右手と左手とが別個の人格として互いに争うのである。

トリックスターの肉体の一部は時には独立した人格のようにふるまうが、特に尻《しり》とペニスはその独立性が顕著なものである。

トリックスターはお得意のだましによって、カモをたくさん捕獲する。それを火に埋めて焼けるのを待つ間、彼はひと眠りし、その間の番を尻に言いつける。

彼の眠っている間に何匹かの子ギツネがカモの焼ける匂いにひかれてやってくる。

ところが、「ブー」という音とともにガスが放たれるので、子ギツネはあわてて逃げる。

しばらくして子ギツネはやってくるが、またもやガスによって退散させられる。しかし、何度も繰り返すうちに、子ギツネはガスにめげずにカモを食べる。

尻は一生懸命わめくが効を奏さず、その音で目が覚めたトリックスターは肉が全部盗まれたことに気づく。彼は尻の番が下手だからだと憤慨し、罰を与えようと、燃えているたきぎを取って、尻の口を焼く。

これで火傷して叫ぶのも、もちろん彼自身である。彼は「これはたまらん！　みんながおれをトリックスターと呼ぶのは、こういうことからなのかな？」と言う。

こんなばかげた話と言われるかもしれない。尻が独立した人格を持つなどあり得ないと思われるかもしれないが、現代の日本のエライ人でも、「上半身と下半身は別だ」などと言う人もいる。それに、他人を攻撃しようとして、自分が傷つく人などたくさんいるはずだ。

そしておもしろいのは、トリックスターが自分のことを自覚するのは、自分が痛みを感じたときだ、という事実である。大切な自覚や自己認識には、痛みがともなうものである。

酋長トリックスターの話はまだ続く。彼はつぎには女になる。トリックスターは変幻自在で変装もよくするが、ほんとうの女になるのだから、大変な変身である。大鹿の肝臓で女陰を、腎臓で乳房をつくり、女装して女になりすまし、ある村の酋長の息子と結婚する。その上、子どもを三人も産んだのだから、すごい変身ぶりである。

トリックスターはその後、男に戻って、故郷の自分の妻のところに帰る。そこで、彼はミンクやコヨーテなどと仲よくなるが、それらの動物にさんざんにだまされて、愚かぶりを発揮。しかし、彼はそのうちにミンクやコヨーテに仕返しをし、だんだんと人間らしくなる。

このあたりの詳細は略すが、ともかく、彼の自由奔放な生き方と失敗ぶりは、底抜けの笑いを誘発する。

ウィネバゴのトリックスターの神話の要約を紹介したが、これでトリックスターの破壊性、反道徳性、それにともなう意外性と、そこから引きだされる笑い、強力な生命力などがよく感じられたことと思う。

異なる可能性が示される

それにしても、まったく荒唐無稽とも思えるこのような話を、ながながと神話として語る意義はどこにあるのだろう。何かというと、すぐに「道徳的教訓」を得たい人などは、むしろ腹が立ってくるかもしれない。

しかし、ためしに子どもたちに語って聞かせると、トリックスターの尻が子ギツネを追い払うところなど、ころげまわって喜ぶことだろう。と言って、トリックスターが女性になるときの記述などから見て、これは子どものための物語でないことは明らかである。

トリックスターの物語は、神話のみならず昔話や伝説としても、世界中で語られている。わが国の代表的なトリックスターは、昔話のなかで活躍する、吉四六《きっちょむ》、彦市などで、全国各地にそのような話がある。そのなかのひとつを取りあげて、トリックスターの意義を考えてみよう。

あるとき、大作さん(高知県の昔話のトリックスター)が、山で仏法僧《ぶっぽうそう》の鳴くのが聞こえると言いふらした。殿様が仏法僧の声を聞きたいと言うので、山まで立派な道をつくり、やってきたが、クククという鳴き声ばかりで仏法僧の声がしない。

そこで大作さんが呼びだされるが、大作さんは平気で、仏法僧がクククと鳴いていたでしょうと言う。ばか者め、あれは山鳩だとえらく叱られたが、何のことはない。おかげで村人たちは立派な道ができて喜んだ、というお話。

前に引用したポール・ラディンの言葉に、「トリックスターは創造者であって破壊者」とあったが、この話では、大作さんはうまく殿様をだまして、村に至る立派な道をつくることに成功している。言うならば「創造者」である。

しかし、これはなかなか危ない話で、大作さんが「仏法僧がクククと鳴いている」と言ったときに、こんな愚か者は仕方がないということになったが、殿様が激怒して、大作さんは打ち首、道は壊してしまう、などということになると、これは単なる破壊に終わってしまう。その危ない橋をあえて渡ろうとするのが、トリックスターの特徴である。

ここで「危ない橋をあえて渡ろうとする」という表現をしたが、トリックスターのなかには、はじめから、仏法僧はクククと鳴くと自分も信じこんでいるような場合もある。こんなときは「あえて」とか「計画的」などということはなく、単なる早合点とか誤解をするような愚か者なのだが、後でその結果を考えてみると、大きい貢献をしている、ということになる。

その代わり、このような場合は、大作さんの話を聞いて、殿様が実際に仏法僧が鳴いているのかを家来に調べさせ、大作が愚かなために間違っていたのだとわかり、罰せられて話は終わり、ということになる。こんなのは、まさに低級なトリックスターで、破壊も創造もあまり生じない。

この民話の場合は、大作さんの考えについては何も述べていないが、おそらく、大作さんは、自分の村に中央から道をつけようとの意図を持って、知恵を絞って、トリックを使ったのであろう。

こんなときは、大作さんは村の英雄になる。つまり、トリックスターは、単なるいたずら者、愚か者から英雄まで、いろいろな変化があるのである。

日本の民話によって、もう少しトリックスターのことを考えてみよう。おなじみの吉四六の話である。吉四六は村人と一緒に山へ木を伐りに行った。村人たちが一生懸命に椎の木を伐っている間、吉四六は働かず、煙草を吸って怠けていた。帰るときになって、吉四六は「椎の木は悲しい(椎)というので、縁起が悪い」と言った。村人たちはそれを聞いて、木を捨てて帰ってしまった。吉四六はその木を全部拾い集めて持って帰ったので、村人たちがそれを見とがめ、椎は縁起が悪いのではないかと言った。それに対して、吉四六は、この椎は、嬉しい(椎)といって、縁起のいいものなのだと平然としていた。

これは、トリックスターの自在性、両義性を非常にうまく示している話である。村人たちは、まったく単層的で、椎は悲しいと言われると、それに縛られてしまって、ほかの可能性など考えられないのだ。椎は「嬉しい」も「悲しい」もあって両面性を持っている。そのことを知っている吉四六は、それによってうまく村人を出し抜いてしまう。

トリックスターは、先ほどの「悲しい」の話のように、人々がこうだと信じているとき、それと異なる可能性のあることを示す。時には古い秩序を壊すための、単なる破壊者になって、それが創造にまでつながらないときもある。

前述のウィネバゴの話では、トリックスターは男であるのに女になって、男女の区別というものが絶対でないことを示す。おそらくこのような部族では、男女の区別は絶対で、男はこのようである、女はあのようである、あるいは、あるべきである、などということは秩序の重要な柱だったことだろう。

ところが、そんな区別なんかすぐ破れる、というのだから、これは大変な秩序破壊である。ただ、ウィネバゴの話では、そこから、新しい創造は生まれていないようだ。

スサノオのもうひとつの顔

日本の民話から例をあげたが、日本の神話にはトリックスターがいないのだろうか。それについては心配しなくとも、立派なトリックスターがいるのだ。それはスサノオである。日本神話のトリックスター、スサノオは大活躍をする。

日本神話は『古事記』と『日本書紀』に語られるが、つぎに主として前者によって、スサノオの神話を紹介しよう。第四章でも述べたが、ここではトリックスターの視点から見てみたい。

スサノオは父親から生まれている。日本神話における最初の親とも言うべき、イザナキ、イザナミは日本の国土をはじめ多くの神々を生みだすが、最後に火を生むことによって、イザナミは火傷して死ぬ。イザナキは死んだ妻を黄泉《よみ》の国からこの世に連れ帰ろうとするが失敗して、一人で帰ってくる。

黄泉の国のけがれをおとそうとして川でみそぎをしたとき、左の目を洗うと、アマテラスが生まれ、右の目からはツクヨミ、鼻からはスサノオが生まれる。この三柱の神は三貴子と呼ばれ、日本神話のなかで重要な地位を占める。

イザナキの意志で、アマテラスは高天原《たかまがはら》、ツクヨミは夜の食国《おすくに》を統治することになるが、スサノオは海原を治めよという父親の言いつけに従わず、泣き叫ぶ。このあたりから彼のトリックスターぶりがすでに発揮されるのだ。

なぜ泣くのかという父親の問いかけに、母のいる国へ行きたいとスサノオが答えたので、イザナキは怒って彼を追放する。スサノオはそれなら姉のアマテラスに挨拶しにいこう、と高天原にやってくる。アマテラスはこれをスサノオが自分の国を奪いにきたと誤解し武装して待ち受ける。

スサノオはただ挨拶にきただけだと言うが、アマテラスは信じない。そこでスサノオが「清い」心を持っているかどうかを知るために「誓い《うけ》」(古代の占いのひとつ)をする。

前に書いたとおり、結果としては、スサノオの清い心が立証され、彼は大喜びする。そして、喜びにまかせて、田の畔を壊したり、祭殿に糞をまき散らしたりする。アマテラスはそれらを咎めず、むしろ善意に解釈しようとするが、スサノオの乱暴はとまらない。

とうとう、アマテラスが機小屋で織物をしているときに、馬の皮をはいで機小屋の屋根を壊して投げこんだ。天の機織女は、これを見て驚き、梭《ひ》で陰部をつかれ死んでしまった。

これを見て、アマテラスも耐えられず、天《あま》の石屋戸《いわやと》を開き、そのなかに籠ってしまった。このために世界はまったくの闇となり、神々は困ってしまうが、アメノウズメの活躍などで、天の石屋戸を開き、アマテラスが出現することになるのは、まず知らない人がないだろう。

この一連の話に、スサノオのトリックスター性がよく示されている。まず、日本の神話においては、アマテラスの系統が天皇の血統につながっていくので、言わばそれが主流をなしていると言える。そのアマテラスが統治する高天原に、下界から入りこんでくるのだから、スサノオは一種の侵入者である。

もっとも、日本神話の非常に興味深いところは、このとき、スサノオを純粋な「侵入者」として描くのではなく、むしろ「清い心」を持って挨拶にくる者としていることだ。それを、「侵入者」と誤解するのはアマテラスなのである。つまり、スサノオは単純に「悪者」として描かれていないのだ。

「誓い」の結果、スサノオが勝つので、このままであれば、スサノオが勝者、アマテラスは敗者となるのだが、ここで話は反転し、スサノオは秩序の破壊者として行動する。

高天原系の文化の中核をなしていた、稲作と機織りに対して攻撃を加える。そして、機織女が梭で陰部をつかれて死んだイメージは、アマテラスという女性の君臨する世界への侵入と破壊を象徴的に示している。

アマテラスが天の石屋戸から出現してきた後に、スサノオは罰を受けて追放される。しかし、殺されたのではない。それどころか、彼は出雲《いずも》の国へ行き、八岐大蛇《やまたのおろち》を退治し、そこの国の文化英雄となる。

ここで、トリックスター、スサノオの姿の多面性を示している。つまり、単なる侵入者、破壊者だけではなく、英雄像にまで近接していくのだ。八岐大蛇の話は、非常に大切なことなので、この後にまた取りあげて論じることになるが、ともかく、以上のことで、彼のトリックスターぶりが明らかになったであろう。

スサノオというトリックスターの大活躍によって、アマテラス系の世界は単層化するのを免れ、弾力性をそなえた豊かな世界になっていくのである。

スサノオの破壊と創造の力によって、日本の国が打ち立てられていくときに、高天原系一辺倒ではない、微妙なバランスを持った国として成立することになったのである。

一九六五年、筆者がスイスのユング研究所に留学中に、日本神話に関して論文を書いたが、スサノオをトリックスターとして見ることによって、日本神話全体の理解が深まると思い、新しい「発見」に我ながら嬉しくなったものである。

とだろうと思った。それにしても、こんなことは日本に帰国して述べても、誰も相手にしてくれないこ

ところが、帰国後すぐに、山口昌男『アフリカの神話的世界』(岩波新書)に触れ、そこではアフリカの神話のなかのトリックスターが大活躍、おまけに、スサノオのトリックスターぶりがアフリカ神話との類似性とともに縦横に論じられていることを知り、大いに意を強くしたものである。そこに論じられている、スサノオ神話とアフリカのトリックスター神話の比較も興味深いので、関心のある方は一読をおすすめする。

心のなかに住むトリックスターの出番

トリックスター神話をいろいろと紹介したが、トリックスターは現代社会においても、活躍していることに気づかれた人は多いことと思う。

まず、子どもの頃からトリックスターは活躍する。先生にいたずらをしたり、教室で先生がマジメに教えているときに、ギャグで笑いを巻きおこしたりする。要は、先生の権威を崩して秩序を破るのである。

そんなとき、先生も一緒におもしろがるようなときはいいが、烈火のごとく怒るときもある。そうなると、トリックスターは悪者にされてしまう。

思春期というのは、トリックスターの時期と言ってもいい。

そもそも神話に出てくるトリックスター像は、ユングが人間の「初期の未発達な意識の段階の反映」である、と述べているように、人間の意識ができあがってくるとき、それは現代の人間の意識のような主体性や統合性をそなえたものになる以前は、断片的、刹那的、衝動的であったりする。だからこそ、非近代社会の文化には、トリックスターの神話が多いとも言える。

思春期は現代においても、成人の意識のできあがる前の段階なので、トリックスター的心性がはたらくのも当然である。

現在は、常識ある市民として生活している人でも、思春期のことを思いだすと、なぜあんなことをしたのかわからない、と言わざるを得ないような、万引きとか何かを壊すとか、途方もない嘘をついたとか、何かそんなことをしたことがあるものなのである。もっともそれがあまりに変なことなので、成人してからは忘れてしまっている人も、あんがい多い。

自分の心のなかに住むトリックスターを、うまく活躍させる人と、トリックスターに自分が乗っ取られてしまう人とでは、結果は異なってくる。

前者の場合は、何らかの創造的な仕事をしている人に、よく見られることであるし、後者の場合は、無意識のうちにやってしまうことになり、それはプラス、マイナスの両方の効果を持っている。

トリックスターになり切っているような人は、重いときは「ほとんど病気」の状態になる。おもしろいと言えばおもしろいときもあるが、あまりにも投げやりで信頼できない。嘘はつくし、嘘だと思っていると、思いがけずほんとうのことだったりすることもある。

それに、このような人は、ひょっこりと偶然に、他人が人目につかぬようにしているところに行きあわせたりすることが多いのだ。誰にも知られないところで密会などしていると、ひょっこりトリックスターがそこに顔を出したりするものだ。

このようなトリックスターは、世の中を「かきまわし」はするが、あまりプラスの効用はない。しかし、トリックスターのおかげで——本人はそれを意図したわけではないが——隠しとおしていた誰かの悪行が世に知れたりすることはある。

トリックスターの行為は、本人がどこまで意識しているのかは判明しないとしても、結果的にはプラスの効果を生むことがある。みんなで真剣に考えても、なかなかいい案が浮かばないとき、一同が苦しんでいるなかでトリックスターの発言で、思わず笑いが起こり、そこからふと新しい考えが開けたりする。

あるいは、中学生のトリックスターの万引きが発覚したところで、担任の教師と学級の生徒たちが真剣に話しあい、そこに一体感が生じてきて、学級の雰囲気が急に好転する、というときもある。

要するに、トリックスターの行為を生かすも殺すも、それを周囲の人々がどのように受けとめるかによる、ということである。

動物が持つ「先達《せんだつ》の知恵」

トリックスターは人間であるが、「動物的」とさえ言えるところがあった。そこにトリックスターの意義も存在しているが、では人間と動物との関係はどう考えるといいだろう。

まず現代人と動物との関係について考えてみよう。BSE(牛海綿状脳症、狂牛病)、あるいは、鳥インフルエンザによって、大量の牛や鶏が無惨に殺され地中に投げこまれるシーンをテレビで見たとき、多くの人がショックを受けたのに違いない。

しかし、あんなことがなければ、現代のわれわれは、ほかの動物を殺して食べることに別に違和感も罪悪感も感じていない。

生きるために殺すのは、まだ許されるかもしれない。しかし、単なる楽しみのために狩りをした人もたくさんいたし、いまもいるのではないか。ペットの場合は大切にしている、という人があるかもしれないが、それも人間の御都合主義で、動物からすれば迷惑なこともたくさんあるだろう。

人間の安楽死に対して反対する人でも、家畜やペットとなると安楽死は、むしろ当然と思うだろう。

要するに、人間はほかの動物とは異なり、人間は高等で動物は下等であり、両者の区別は画然としている、というのが現代人の考えである。しかし、神話の語るところは、これとまったく異なっている。それについて考えてみよう。

動物は深い知恵を持っており、それは人間の考えを超えるときがある。人間は動物に「学ぶ」ことによってこそ、新知識を獲得したり、危険から逃れたりできるのだ。このようなことを示す物語は神話のなかに満ちている、と言っていいだろう。まず、手近な日本神話を見てみよう。

『日本書紀』の「一書曰《あるふみにいわく》」のなかに、イザナキとイザナミが結婚するとき、どのように交わればいいのかわからなかったが、鶺鴒《せきれい》の様子を見てわかった、ということが述べられている。

つまり、日本人の先祖の最初の夫婦は、性交の方法を鶺鴒に学んだのである。鳥の教えがなかったら、日本民族の繁栄はなかったことになる。

これと類似の話は他文化の神話にもあるが、意味するところは理解しやすい。この世に人間以前から生存する動物に対して、言うならば「先達《せんだつ》の知恵」を持つ存在として敬意を払わねばならない。そして、その知恵は生物として生きることに深くかかわるものだ、という考えである。

『古事記』にある、つぎのような例はどうだろう。オオクニヌシが出雲の国造りをしようとするところに、奇妙な神が登場する。海の上を船に乗って、鵝《がちょう》の皮を衣服にした、小さい神がやってくるが、名前を問うても答えないし、誰も素生を知らず困ってしまう。

そのときに、谷蟆《たにぐく》(ひきがえる)が、それは「崩彦《くえびこ》」(かかし)が知っているだろうと言う。実際、そのかかしが、その神(スクナビコナ)のことをよく知っていて話は進展する。

ここに登場したひきがえるは、ほかの神々のまったく知らないことを知る者としての「かかし」を教えてくれたのである。ひきがえるの知恵が神々を助けたのだ。

このように、動物の持つ知恵によって、神や人が助けられる、という神話は世界中にある、と言ってよい。第三章に紹介したアメリカ先住民のナバホの神話では、男性と女性が対立分離してしまったとき、実は和解を助言したのは、ふくろうである。ふくろうのほうが人間よりよほど、知恵が深いのである。

このような話が世界中に多いのは、人間がほかの動物よりも自分は高等である、としたところに落とし穴があり、人間の考え方の盲点になるあたりの知恵を、動物に学ぶべきことを示している。

そもそも、昔々には、人間はそれほど威張っていなくて、人間と動物の区別は弱く、動物は「神」として尊崇を受けていたのである。

「猫神」の役目

動物は神でもある。わが国では、神社の御神体は「み」(蛇)だ、ということもある。後にも紹介するが、神話のなかには、動物が人間と同等の存在として登場することも多い。

すでにトリックスターについて紹介したが、アフリカのトリックスター神話などでは、うさぎが主人公として活躍する。言うならば、神、人、動物が混然としていて区別がないのである。というよりは、人とほかの生物との間に区別がない状態のなかで、神体験とでも言うべき畏怖の感情の体験が生じる、と言うべきであろうか。

これは、現代人の多くが忘れてしまっている大切な感情だ。

「神としての動物」と現代人の生き方の盲点ということを、実に見事に描いてみせてくれるのが、ポール・ギャリコの傑作、『トマシーナ』である(矢川澄子訳、角川文庫があるが、最近、山田蘭による新訳、創元推理文庫が出版された)。これについては、すでに拙著『猫だましい』(新潮文庫)に詳しく論じているが、本章のテーマと関連する点において少し述べておきたい。

エジプトの古代において、猫は神として尊崇されていた。この神はバストまたはバステトと呼ばれ、第二王朝期頃より、歓喜と太陽の豊饒の温かさを示す女神として崇められた。その神像は現在も数多く残っていて、美術館で見ることができる。

猫の頭と人間の体を持つものや、猫の姿そのままで表現されるものがある。猫神の偉大さに対して、それを拝む僧の姿がずいぶんと小さく表現されて、人と猫神の対比を示している像もある。猫の姿ではあるが、威厳と神々しさを感じさせる像もある。

エジプトの神はなかなか複雑で、ほかの神と同一視されることも多いので、うまく記述できるかわからないが、一応、私の理解した範囲でエジプトの猫神の姿を描いてみよう。

バスト神が崇められたのは、エジプトのブバスティスである。そこでは猫は神聖なものとして扱われ、特別な猫の場合はミイラにされ、盛大な葬儀が行われた。ミイラの猫の大祭は古代世界において有名であった。

猫の神バストはライオンの神テフヌトと同一視されることがある。バストは太陽の神ラーの娘でもあり、太陽の左の目として月とみなされる。つまり、最初に述べたようにバストは太陽の温かさをあらわす神とみなされるが、月とみなされることもあるわけで、このあたりが、エジプトの神の複雑さを示している。

複雑と言えば、バストは蛇を退治する神とみなされる反面、その破壊的な力をあらわすときは蛇であらわされることもある。つまり、バストは蛇と戦うときもあれば、蛇そのものであったりする。

あるいは、蛇退治からの連想で、毒を制す、癒す神というイメージと、それが逆転して、人間に苦痛をもたらす魔女のようなイメージであらわされることがある。

なんともやたらに矛盾しているが、人間の理性ではコントロールできない深い感情、情念と結びついていると考えると、わかりやすいだろう。それを猫の神のイメージによって古代エジプト人は捉えていたのだ。

このような猫の神を背景にして、現代のファンタジーを語るところにポール・ギャリコの巧みさがある。『トマシーナ』に登場する重要な人物、獣医のマクデューイは現代人の典型のような人間で、まったく感情を交えずテキパキと動物の治療をするが、処置なしと判断すると、あっさりとクロロホルムで「片づける」のである。

すべてのことは彼にとっては割り切って考えられ、「神」などという怪しい存在はそこに入りこむ余地はない。

人間としての感情がないとも言えるマクデューイも娘のメアリに対しては、愛情をそそぐ。これによって彼の感情生活のすべての帳尻を合わせているようなものだ。ところが、メアリの大好きな猫トマシーナが病気になり、治療不能と判断した父親が、娘の反対を押し切って、あっさり「片づけ」てしまったところから問題が生じてくる。

トマシーナを父親に「殺された」と感じたメアリはその後、父親とひとことも口をきかないし、食べることさえ拒否して死に向かっていく。マクデューイは娘のまわりでオロオロしたり怒ったり、救いを求めたり、人間の理性がどれほど無力かを思い知らされる。

この病める父と娘の癒しのドラマに猫神バストが登場する。その話を知りたい方はぜひ『トマシーナ』を読んでいただきたい。ここでは詳細は省略するとして、ポール・ギャリコの言いたかったことのひとつが、現代においても、「猫神」の存在は大いに意味を持っている、という点であることを強調したい。

いや、現代こそ動物の神を必要としているのではなかろうか。それなくしては、科学的合理主義者マクデューイのように、すべてのことはテキパキとうまくいくが、自分のたましい(彼の場合、娘のメアリ)を失うことになるのではなかろうか。

現代人のこのような動物に対する接し方に比して、原始時代はどうだったのであろうか。

熊のたましい

人類がこの世にあらわれた頃、人と動物の関係は現代とはもっと異なるものであった。

このことの重要さを、中沢新一《なかざわしんいち》は著作『熊から王へ　カイエ・ソバージュⅡ』(講談社)に詳しく論じている。以下、中沢の考えを紹介しつつ、「神話の知」として語られる、人間と熊とのつきあい方について述べてみたい。

中沢は「原初、神は熊であった」という章のなかで、カナダのアタバスカン族に伝えられたつぎのような神話を紹介している。要約として筋を示す。

昔ある夏のこと、一人の少女がベリー摘みに出かける。彼女は家族と離れて一人になってベリーを摘み、籠いっぱいにした。そのとき一人のハンサムな男性が、もっとよいベリーがあるからほかへ行こうと誘う。

二人は火を焚いて、ホリネズミを調理し、ベリーと一緒に食べた。後で送ってやるからということで、夜はそこで過ごした。

翌朝、少女が家に帰りたがると、男は少女の頭のてっぺんをぴしゃりと叩き、頭のまわりに太陽のまわる向きに輪を描いた。そうすると、少女は親のことや家のことなどをすっかり忘れてしまった。

その後、少女は男と行動をともにし、何日も何日も暮らすことになった。そのうちに、少女は、男が本当は熊であることを悟った。

ある日、少女のきょうだいたちがよく熊狩りにやってきていた場所に、少女と熊は行く。少女はそこに見覚えがあった。そこで、少女はあたりの地面に自分の体をこすりつけ、臭いを移した。きょうだいたちの連れてくる犬が自分を発見してくれるだろうと思ったのだ。

男は穴を掘ったりしているときは熊に見えるが、ほかのときは少女にやさしくハンサムな男性に見えるのだった。

十月になって、彼らは巣穴に籠った。少女は男の子と女の子の赤ちゃんを産んだ。

男は少女に「おまえは私の妻だ」と言い、これから出かけていって少女のきょうだいたちと自分は戦うのだ、と言う。

妻は必死になって戦うのをやめてくれと願う。熊は歌を歌い、もし自分が殺されたら、自分の頭と尻尾とをもらい受け、死んだ場所で火を焚いて頭と尻尾を燃やし、燃えつきるまで、この歌を歌いつづけるのだ、と言う。

とうとう少女のきょうだいたちが犬を連れてやってくる。妻は「お願い、戦わないで。私のきょうだいたちがあなたを狩るのなら、そうさせてあげてください」と頼み、熊は妻のきょうだいに殺される。

少女は巣穴から出ていき、きょうだいに「あなたたちは自分の義兄を殺したのよ」と告げる。少女は熊に言われたとおり、その頭と尻尾を燃やして歌を歌い、葬儀を行った。

少女と二人の子どもはきょうだいたちと離れたところに小屋をつくって住んだ。きょうだいは嫌《いや》がる少女に熊の皮をかぶせてからかおうとした。すると、突然、少女はグリズリー熊になってしまい、彼らも母親も殺してしまう。ただ、彼女にやさしかった末の弟だけは殺さなかった。

少女の顔に涙が流れた。その後、少女の熊は二匹の子熊を連れてどこかに行ってしまった。こういうことがあって、熊は半分人間になったのだ。人々がグリズリー熊の肉を食べないのは、グリズリー熊が半分人間だからだ。

この神話で特徴的なことは、人と熊との区別がほとんどないことである。人と熊は結婚するし、子どももできる。しかし、まったく同じではない。人は熊を狩ることもあるし、熊が人を殺すこともある。ただ、お互いを殺しあうことがあっても、それは義理のきょうだいであったり、ほんとうの親子、きょうだいであったりする、という認識がこのときに必要なのである。

『トマシーナ』の物語では、現代人のマクデューイにとって、人と猫とはまったく別の存在であり、必要に応じて、人が猫を「片づける」のなど当然のことであった。しかし、実のところ、それは下手をすると父親による娘殺しにつながっていくのだった。

マクデューイの改心と猫神の助けがなければ、メアリは死んでいたであろう。単純に言ってしまうと、猫殺しは娘殺しなのだから、人と動物の区別をそう明確にしてしまうのは問題なのだと言える。区別がないのではないが、どちらかが片方に対して絶対に優位ということはない。

このような関係を「対称性」と中沢新一は呼び、神話に語られている、人と動物の対称性の重要さを強調している。

人間と動物の間に「対称性」が存在するならば、どうして人間は熊を殺して食べることが許されるのか。この点を解決する神話の知恵として、中沢はそのほかの神話を紹介している。

それについて詳しくは述べないが、要点を述べると、熊といってもそれは本来は人間であり、それが熊の皮をかぶって熊となり、人間に殺されるために出てくるということになる。そしてそのたましいは、自分の皮と肉を人間に与えるということによって、天に昇って神となる、と考えるのである。

そこには一種の犠牲の精神があり、そのことによって犠牲者は「神」として祀られることになるので、すべてがうまく収まるのである。しかし、このことを遂行するためには、人間は熊に対して相応の敬意を払い、殺すときにしろ、殺した後のその死体に対する取り扱いや、葬儀にしろ、すべて手のこんだ儀礼によってなされるべきで、それらの細部は決しておろそかにしてはならないのである。

わが国では、アイヌのイオマンテの儀式と祭りなどがこれに相当することである。

人間は生きていくためには、ほかの生物の生命を奪わねばならない。そのことをどう解釈するかは実に大きい問題である。それについて、原初の時代のこれらの神話は、なかなかみごとな答えを用意してくれている。

これによって、人間は動物を殺して食べるのであるが、そこには感謝と畏敬の念があり、乱獲や無益な殺生が避けられるのである。

蛇は悪者なだけか

動物の神が人間に対して持つ意味の深さはよくわかった。ところで、現代文明を支配している欧米の考えを支える神話はどうであろう。

『旧約聖書』の「創世記」に語られる物語を「神話」と呼ぶには抵抗のある人もあろう。しかし、キリスト教文化圏における神話的思考を示すものとして、それを取りあげることは許されるであろう。

旧約の世界では、唯一の神がすべてを創ったのだから、動物が神になるなどとんでもない話である。しかし、そこで一匹の動物がきわめて重要な役割を占めている。それは蛇である。

第二章でも述べたが、神はアダムをエデンの園に連れていき、「善悪を知る木からは取って食べてはならない。それを取って食べると、きっと死ぬであろう」と言った。しかし、蛇はイヴに対して、その木の実を食べることをすすめ、「あなたがたは決して死ぬことはないでしょう。それを食べると、あなたがたの目が開け、神のように善悪を知る者となることを、神は知っておられるのです」と言う。

イヴはこれに従って実を食べ、アダムも食べる。そうすると自分たちが裸であることがわかったので、いちじくの葉で腰を隠した。

神はこれを知って怒り、人間は楽園を追放される。ここに、人間は永久に許されることのない罪を犯したのであり、キリスト教徒にとってきわめて重大な、「原罪」が発生することになる。そして、蛇は人間に原罪を背負わせた張本人として、悪者の代表のように思われることになる。熊を神として祀るなどという発想とは、まったく逆である。

しかし、はたしてそれほど簡単に蛇を悪者と決めつけていいのだろうか。アダムとイヴが知恵の実を食べて最初にしたことは、自分の裸身を恥じてそれを隠すことであった。つまり、彼らは自然に反する道を歩みはじめたのである。

「自然に反する」と言えば、それは現代文明の根本ではなかろうか。現在、われわれが快適で便利な生活をするために必要な、科学・技術は、自然に反することによって生まれてきたものである。

もし、人間がエデンの園に留まることになれば、まったく「自然」の暮らしをしていたかもしれず、それは動物と同様の生活だったのではなかろうか。現代文明を評価する立場に立てば、蛇こそ人類の恩人ということになるのではなかろうか。

蛇のおかげで人間は「反自然」の知恵を持った。ただ、その代償として「原罪」というものを引き受けることになったが。こんな考えに立つと、蛇に対しては現代人は大いに感謝しなくてはならなくなる。もっとも、その知恵が「自然」の知恵ではなく「反自然」だったというところにも、ある種のパラドックスを感じさせるものがあるが。

グノーシス(キリスト教と同時期に興った宗教思想)の一派のなかには、旧約の物語をつぎのように解釈するものもある。

旧約の神は、実はそれよりももっと高い位の神々の最低位に存在する神で、その神がこの世の創造の仕事をすることになった。ところが、そこでつくられたすべての被造物は、その神が至高至善の唯一の神と信じていた。そのとき、蛇だけは真実を知っていて、そのことを人間に告げた。それを知った創造神は怒って、蛇や人間に罰を与えた、というのである。

なかなか深みを感じさせる解釈ではなかろうか。神、人、自然を全体として捉える世界観の構築のむずかしさ、「悪」の解釈のむずかしさなどを感じさせるなかで、蛇がきわめて両価的《アンビバレント》な性格を持って物語に登場しているのである。

旧約の蛇について、もうひとことつけ加えておかねばならない。キリスト教が十六世紀に日本に伝来した後、強い弾圧の時代が続いた。そのときに、「隠れキリシタン」が存続したことは周知のことである。

これも第二章でも触れたように、隠れキリシタンの間では旧約の物語が伝承されたが、一九三一年になって研究者によって、隠れキリシタンの『天地始之事《はじまりのこと》』という文書が明らかにされた。これは「創世記」の第一～第三章に相当する物語であるが、二百五十年以上の年月のなかで「文化変容」を遂げているのである。詳しく見ると興味深いことがたくさんあるが、蛇のところだけに注目してみよう。

『天地始之事』のなかで、アダムとイヴは禁断の木の実を食べるが、それを誘惑したのは、「じゅすへる」であって蛇ではない。じゅすへるはルーシファー(堕天使)のことと思われるが、ここで注目すべきは、蛇が消え失せていることである。

これを何と解釈するか、意見が分かれることだろうが、日本人としては、何であれ動物に罪を負わせることに気がすすまなかったのではなかろうか。蛇は多くの場所で、「みさん」として御神体になったりしているのだから、それを明確な悪者にはしたくなかったのであろう。

キリスト教の教えを受け入れながらも、日本人は動物を尊崇する気持ちも持っていたので、悪者としての蛇の物語を回避したのではなかろうか。

第六章　無意識の真実

英雄神話の読み方

神々の物語には英雄がよく出現してくるが、これこそ人間の願望をあらわしている、と言えるかもしれない。

このように強く、正しくありたいという理想像が示されるのだ。ということは、これらの英雄像は人間の心のなかのはたらきの反映としても読みとることができるはずである。

英雄神話の心理的解釈としては、いろいろと考えられる。悲劇の英雄とも言うべき、ギリシャのオイディプス王の物語から、フロイトの有名な「オイディプス・コンプレックス」という命名がなされたのなどは、その一例である。

ユング派の分析家、エーリッヒ・ノイマンは、英雄神話の物語を、西洋における「自我意識の確立」の過程を示すものとして解釈した。彼は『意識の起源史』（林道義訳、紀伊國屋書店）という書物によって、そのことを明らかにした。それについて述べるのだが、その前に少し、つけ加えておきたいことがある。

一九五九年に私はアメリカに留学した。そのときに強いカルチャーショックを体験したが、それをひとことにして表現するならば、アメリカ人の「自我」にショックを受けた、ということになるだろう。

いかなるときも、自分自身の感情や考えを明確に表現し、それを自ら守り、責任をとる強さ、に感心したのである。日本人が、「あなたの意見はどうですか」と訊かれても、答えなかったり、あいまいに表現してごまかしたりするときに、彼らは、明確にそれを示すことができる。

そのうちに、アメリカ人と親しくなると、「日本人には自我がない」「個性的でない」などと言われるようになり、はじめのうちは、それももっともと思ったりしたが、そのうちにそんなに話は簡単ではない、と思いはじめた。

「自我」と言っても、いろいろなあり方があるのではないか、欧米のそれが唯一の正しいものと考えるのは、おかしいと思ったのだ。

このことが私を日本の昔話や神話に向かわせることになったのだが、そのことはともかく、ノイマンも言うように、欧米の近代における自我の確立は、人類の精神史における特異なことがらである。われわれはこのことをよく認識しておかねばならない。

日本人は欧米先進国に追いつけ追いこせと努力して、多くの点でそれに成功し、G7（先進七ヵ国）にも非キリスト教文化圏のなかから唯一の国として仲間入りしている。

そして、「自我の確立」ということも、日本人にとってはきわめて魅力を感じさせるものであり、多くの日本人がその線に沿って努力してきたと言うことができる。

しかしながら、それは実に表面的なことで、日本人が欧米人と同じような自我の確立を行ってきたかは疑わしいものである。そのことを如実に感じさせるのが、ノイマンによる、自我確立の過程を、英雄の怪物退治によって象徴的に説明しようとする試みである。それをつぎに簡単に紹介しておこう。

怪物退治と父親殺し

ノイマンによると、神話に語られる英雄の誕生は、自我の芽生えを意味するという。人間の心のなかに、自我が生じてくるということは、それまでの人間の精神史を考えてみると、きわめて画期的なことと言わねばならない。そんな意味でも、それは英雄の誕生ということで表現するのにふさわしい。そして、それがいかに稀有《けう》なことかを示すため、多くの英雄の誕生の神話において、それが普通の子どもの誕生といかに異なっているかが語られることになる。

たとえば、第四章でも触れたが、ギリシャ神話の英雄ペルセウスの場合、彼の母親のダナエーは、ゼウスが黄金の雨に変身して屋根から彼女の膝に注いできて、それによって身ごもったと語られる。

これは、ダナエーの父であるアクリシオス王が神託によって、娘ダナエーが産む男の子によって自分が殺されると知り、ダナエーを青銅の塔に閉じこめていたのだが、そこにゼウスが雨に変身して忍びこんだというわけである。

英雄の誕生はこのように普通でないことが語られるのが常であるが、ペルセウスの場合は、人間でありながら神の血を引いている、ということになる。

日本の神話では、スサノオが相当に英雄的な行為をするが、彼は父親の鼻から生まれているので、これも相当に異常な誕生である。

ところで、多くの英雄は怪物を退治することになる。ペルセウスの場合であれば、ケーペウスの娘アンドロメダーが海の怪物の餌食として供えられているのを、怪物を退治して救いだす。そして、彼はアンドロメダーと結婚をする。

ここに語られる「怪物退治」を心理的にどう解釈するかが大きい問題となる。

フロイトは周知のように、父と息子との葛藤に焦点を当てて、オイディプス・コンプレックスを人間にとってもっとも重要なことと考えたので、この怪物退治を父親の象徴と解釈した。人間の男の無意識には、父親を殺して母親と結婚したいという欲望があり、それが怪物退治の神話のなかに反映されていると考えた。

これに対して、ユング派のノイマンは、このような物語を直接的な家族関係に還元するのではなく、人間の無意識の深層に存在する「父なるもの」「母なるもの」の元《げん》型《けい》との関係として見ようとした。

人間の心のなかには、個人的な父、母のイメージが存在するが、それを超えて、人類に共通とも言える「父なるもの」「母なるもの」というイメージの元型が、心のもっとも深い層に存在すると考える。

自我は人間の意識のなかに芽生えてくるが、それが自立するためには、無意識から独立した存在にならなくてはならないし、外界においても母親から自立した存在にならなくてはならない。

そこで、象徴的に言えば、一度は「母なるもの」のイメージを殺すことによって、それから切り離された存在とならねばならない。これが神話における怪物退治だとノイマンは考えた。

このようにして、自我は自立するものの、同時にそれが無意識と切れたままの存在であったり、外的な世界から切断されて孤立したままであってはならない。そこで、自我はあらたにふたたびそれらと関係を回復する必要がある。

そのことを象徴的に示すのが、英雄と女性との結婚であると考える。怪物を退治した後に、ペルセウスはアンドロメダーと結婚する。

ここで、「父なるもの」はどうなるのかということになるが、自我が「母なるもの」との接触を断って自立したとしても、「父なるもの」はむしろ、その社会の規範の体現者として、自我がそれに従うことを要求する。

自我が自立して社会のなかに生きていく上で、一般的にはこれでもいいのだが、きわめて個性的、創造的な人は、社会的な規範に対してもこれを超えたり、改変したりすることがある。このときは、怪物退治は「父親殺し」としての意味も持つことになる。

自我は、母親殺し、父親殺しをして後に、女性との結婚を達成するのである。

なぜ「親殺し」が語られるか

「神々の物語」はなかなか恐ろしい。親殺しを必要と言っているようなところがある。

誤解のないようにぜひつけ加えておかねばならないが、これは神々の世界のこと、つまり象徴的な表現なのである。むしろ、このことの意義を明確に知らない者が、現実に「親殺し」の罪を犯してしまうのではなかろうか。内面的に行うべきことを、誤って外界においてやってしまうのだ。

とは言うものの、人間の内界と外界は、思いのほかに関連しあっているので、話はそれほど簡単ではない。象徴的「親殺し」は、それぞれの人の人生において、いろいろと多様な様相を持って出現してくるものだ。

たとえば、これまでは優等生で、本人も学校の勉強はおもしろいし、親も子どもの成績のよいのを誇りに思っていたのに、高校生になってしばらくすると、急に学校へ行けなくなったりする。本人もどうしてなのかさっぱりわからない。親も子どもにどう対処していいのかわからない、などということが起こる。

これは考えてみると、子どもは親のいちばん困ること、嫌がることをしているという意味では、「親殺し」をしようとしていると言えるが、学校に行かずにずっと家にいるのは、親から離れられずにいる、という意味で、まったく逆に親と密着していることになる。

つまり、子どもが自立するということは大変で、「親殺し」をしてでもやり抜こう、という気持ちと、いつまでも親に甘えていたいという気持ちと両方あるわけである。この葛藤のなかで学校に行かないという現象が生じているのだ。

このような高校生に心理療法家として会っていると、その子なりの象徴的親殺しが達成され、その後に登校するということが生じる。そして、その後に親子の和解が行われる。

こうした過程においては、夢のなかで、母が死んだり、父が死んだり、あるいは、殺すことさえある。

象徴的親殺しを行う頃になると、どうしてもそれまで見えなかった、親の欠点が見えてきたり、極端に嫌になったりするものだが、母親を嫌だ嫌だと思っていたのに、夢のなかで母が死に、悲しくて死体にすがりついて泣き、夢のなかで、母親殺しと和解を一挙にしてしまったような気持ちになった大学生もある。

これほど劇的でなくとも、うまく成長がなされる場合は、それまで尊敬し、好きだった母親に対して心のなかで急に反発が生じ、欠点ばかり気にしているうちに、何かのきっかけで、「お母さんも人間なんだなあ」などと思えてきて、また親しい関係に戻る。

しかし、それは以前のような母親絶対という感じではなく、個人と個人との関係に近づいてくる、というような場合もある。

このように言っても、人間はもちろん、「父なるもの」「母なるもの」から完全に自立するなどということはできない。したがって、「父殺し」「母殺し」を象徴的に達成しても、それらは不死身でまた生まれ変わってくるとも言える。

一度達成したからと言って安心はできない。何度も似たようなことを繰り返しつつ、徐々に自立性を獲得してくるものなのである。

「母殺し」「父殺し」は実際の親との間とは限らず、「母なるもの」「父なるもの」の体現者、つまり、教師、上司、あるいは親類の誰彼などを相手として行うこともある。あるいは、親殺しがうまく達成されていないために、常に上司とゴタゴタを繰り返すというような場合もある。

どこまでが外的な関係で、どこまでが内的な親子関係なのか区別がつかなくなってしまって、急に近づいたり反発したりすることになるからである。

結婚は何を意味するか

自我確立の神話においては、男と女が結ばれる結婚ということが高い象徴的意義を持つことになる。すでに述べたように、一度、世界との関係を切って自立した自我がふたたび、この世界と新しい関係を結ぶことを意味するからである。

かつてスイスのユング研究所において、ここに述べたようなことを学んでいたとき、講師の一人が、「母なるものとの関係の切断を経験することなく、先進国の仲間入りをしている唯一の国が日本である」という趣旨のことを述べたことがある。

そう言われると、なるほどそうかと考えさせられる。このことは当時はずいぶんとマイナスの要因として考えていたが、いまとなるとそう簡単には断定できないとも思っている。なにごとも一長一短なので、それほど単純に判断はできないのだ。

それにしても、先進国の仲間入りをしているが、母なるものとの関係を維持している日本という国の特異性ということを、われわれはよく認識していることは必要であると思う。

日本が基本的にはこのような傾向をまだ保持しているとはいえ、欧米の影響を強く受け、自我の確立を行おうとする者も増えてきた。したがって、日本においても、怪物退治をして結婚に至るという、自我確立の神話が力を持つようになってきた。それがいろいろな形で、家庭の問題として生じてきている。

ある娘さんは、父親との結びつきが強かった。父親と一緒に旅行することもあったし、父親のすすめる本を読み、感想を話しあったり、何かにつけて父親の影響を強く受けていた。

その彼女が恋愛し、恋人を家に連れてきて父親に紹介したが、それは父親の嫌いなタイプの人間であった。もちろん、見所はあるのだが、父親としては全面的に否定したくなってくるのだ。彼が帰った後で、父親は娘に向かって、彼がどれほどつまらない人間であるかを力説した。

娘は父親の意見を聞いて、なるほどと思った。しかし、彼を恋する気持ちは変わらず、また会いにいった。恋人と会っていると、どうしても結婚したいと思う。しかし一方では、彼を見ていて父親の言うところも、もっともだと思う。

葛藤の末に彼女は自殺しようとする。幸いにも未遂に終わり、父親は彼女をともなって心理療法家のところに相談にきた。

彼女は話しはじめるとすぐに、父親にはほんとうに申しわけないと思う、と言った。こんなに大切にしてかわいがってもらったのに、選りにもよって、父親のいちばん嫌いなタイプの男を好きになってしまった。

盛んに父親に申しわけないと言う彼女に、心理療法家はそのことを父親に対してちゃんと言ったことがあるか、と訊いた。答えは否《いな》であった。黙っていても許してくれるのでは、と考えるところに、子どもの甘えがある。

怪物退治には勇気がいる。この娘さんが父親の嫌いなタイプの男性を夫として選ぼうとしたのは、半意識的な「父殺し」であると言えるだろう。しかし、それをほんとうに意味あるものとするためには勇気が必要である。

その勇気とは、この際は、娘としていつまでも甘えた気持ちでいるのではなく、一個の人間として、これまでの父親の愛情に対する感謝の気持ちをはっきりと表現し、それにもかかわらず、父親の嫌いな人と知りつつ、結婚の相手に選ばねばならなかったことを詫び、許しを乞うことである。

その後、娘さんはしっかりと自分の気持ちを父親に話し、父親もそれを受けて結婚を許した。その後は、あれほど嫌っていた聟との関係も好転して、めでたしめでたしになった。

この例は、現代の日本における「父殺し」の一例だが、このようなしっかりとした象徴的実現を怠ると、それがいろいろな形の悲劇になってしまう。たとえば、この例でも娘さんが自殺してしまっていれば大変な悲劇になるところであった。

オオクニヌシの結婚

英雄神話は、英雄の誕生、怪物退治、英雄の結婚というプロットによって成立しており、それが自我確立の過程を象徴的に示していることを述べてきた。

この「怪物退治」のところは、いろいろな困難な課題の解決というふうに話が変わることもあるが、ヨーロッパの昔話を読むと、このパターンに沿っているものが多いのに気づく。

そして日本の昔話を読むと、同様のパターンのものが実に少ないので驚いてしまう。浦島太郎の話でも、古い話では、浦島は竜宮の姫(亀姫と呼ばれたりする)と結婚するのだが、最後はこちらの世界に帰ってきて老人になるのだ。よく知られている夕鶴(鶴女房)の話も、最後は夫婦別れの悲劇である。

いったいこれはどうしたことかと思ったが、日本神話を読むと、そこには典型的な英雄の物語があった。

スサノオは高天原《たかまがはら》を追われてから、出雲の国に行く。すると、そこに、アシナズチ、テナズチの老夫婦が泣いており、八岐大蛇《やまたのおろち》に娘クシナダヒメが喰《く》われることになるのだと言う。そこで、スサノオはアシナズチ、テナズチに命じて酒船を八つつくり、それに酒を満たして大蛇を待つ。大蛇はその酒を飲んで酔って眠ってしまい、それをスサノオは切り殺し、その後に、クシナダヒメと結婚する。

まさにペルセウスの話とそっくりだが、少し異なるところは、スサノオが大蛇に酒を飲ませて酔ったときに殺すという、正面からの戦いではなく、策略を用いる点である。このため、スサノオは真の英雄というよりは、先に紹介したトリックスターに近いという説もある(日本の英雄はトリックスター的なものが多い)。

これを見ると、少しトリックスター的であるにしろ、怪物退治と結婚という立派な英雄神話が存在するではないか、ということになるが、スサノオは日本神話のなかでは、むしろ「裏側」に存在しているのである。

すでにほかに詳しく論じているように(拙著『神話と日本人の心』)、アマテラスが日本神話の中心とは言いがたいのではあるが、アマテラスの子孫が天皇家になっている。このことを考えると、どうしてもスサノオのほうは裏にまわっている感じがする。ところで、結婚の神話として興味深い日本の神話で、もうひとつ紹介すべきものがある。それは、オオクニヌシの神話で、これも出雲系である。

オオクニヌシはほかのきょうだいに憎まれ殺されそうになるので逃れて、根の堅洲国にスサノオを訪ねていく(ここでも、スサノオが活躍するところがおもしろい)。そして、スサノオの娘スセリビメに会うが、両者ともに一目ぼれをしてしまう。ところが、スサノオはオオクニヌシにいろいろ仕事を言いつけ、殺そうとさえする。

オオクニヌシの父殺しの仕事は命がけで、それに対して父は息子に負けじと、息子を殺そうとするのだ。

この困難なところを、オオクニヌシはスセリビメの助けによってつぎつぎと克服していく。このあたりは省略するので、どうか『古事記』の原文を読んでいただきたい。

そして実は最後が実に印象的なのである。

最後のところも簡単に言うと、スサノオが眠っている間に、オオクニヌシとスセリビメは、スサノオの髪をその室の垂木に結いつけ、逃げだすのだが、スサノオは気づいて追いかけてくる。とうとう黄泉比良坂《よもつひらさか》で追いついたスサノオは逃げていく二人に向かって叫ぶ。二人は出雲の国を治めよ、と言うのだ。

怒れる父親が最後の最後のところで、許し、若い二人を祝福するところが実に印象的である。これも一種の「父殺し」の話とも考えられるが、殺しを回避して劇的な和解が行われるのだ。

これは娘を嫁にやる父親の気持ちをよくあらわしていると思われる、素晴らしい物語である。憎さといとしさが紙一重で同時に感じられるのである。

「悪」という難問

これまで述べてきたことによって、善と悪の問題は実に微妙で逆説的であることがわかったが、ここでは「悪」についてまとめて考えてみよう。

神は「悪」を行うのか。これはなかなかむずかしい問題である。たとえば、ギリシャ神話の主神ゼウスは妻がいるにもかかわらず、多くの女性たちと関係を持ち、子どもを産ませている。しかし、それは「悪」だろうか。

ゼウスがそれをしなかったら、ギリシャの英雄のある者は生まれてこなかっただろう。神々の判断からすれば、ゼウスの行為は「悪」などと言えないかもしれない。

エジプト神話の主要な神、オシリスを殺害した弟のセトは、「悪の神」と言えそうに思う。しかし、エジプトの歴史のなかで、オシリス信仰の強かったときは、そのように言えたかもしれないが、セト信仰の強かった時代もあり、そのとき、セトはもちろん「悪の神」などではなかった。

キリスト教のような一神教であれば話は簡単で、神は至高至善、唯一であり、神が悪を行うことなど考えられない。しかし、そうなると至高至善の神の創られた世界に、どうしてこれほど悪が存在するのか、という難問に解答を与えなくてはならなくなる。

要するに「悪」の問題は、人間にとってきわめて扱いにくい、しかし、扱わねばならぬ課題なのである。そもそも何を悪とするのか、ということさえむずかしい。

よく言われるように、一人の人を殺すと悪になるが、多数の人を殺すと（戦争のときは）勲章をもらえるのである。本質的に考えはじめるとむずかしいことだが、一般的に「悪」と考えられていることが、神話のなかでどのように語られているかを見て、この問題を考えてみよう。

殺人が語っていること

神話は殺人の話に満ちている。「神々の殺人」について本格的に取り組むと一冊の本が書けることだろう。

どうして、これほど神々の間での殺害が多いのだろうか。それはほかの「悪」についても言えることだが、その行為の象徴性がきわめて高いからだと思われる。

考えてみると「相手の動きを殺す」とか、「〜を切り棄《す》てる」とか「見殺しにする」といった言葉をわれわれは日常生活でも使っているのだ。「自分を殺して」生きている人など、日本にはたくさんいるはずだ。

この章のはじめに「怪物退治」について述べたとき、「母親殺し」「父親殺し」の象徴的な意味について論じた。人間は成長にともなって、いつかは「母親殺し」「父親殺し」の象徴的実現をしなくてはならない（もっとも、「父親殺し」をしようと思っても、父親が知らぬ間にいなくなっていて困る、などという国もあるかもしれない）。

だから、神話のなかに、オイディプスをはじめ、「父親殺し」や「母親殺し」の話が多くあるのもうなずけるのである。それは日常的な表現で言えば、親子関係の決定的な変化について語っているものである。

殺人についてもうひとつあげておかねばならぬのは、「ハイヌヴェレ」型の神話だろう。これはよく知られている神話であるが、このインドネシア・セラム島のヴェマーレの神話を簡単に紹介してみよう。

アメタという名の男が狩りに出かけ、彼は夢のお告《つ》げに従ってココ椰子《やし》を植える。三日後に花が咲いたが、アメタは花を切りとろうとして誤って自分の指を切り、その血が花の上にしたたる。

九日後、一人の女の子が花の上に生まれ、アメタはその子を連れ帰る。三日後にその子は年頃の娘となり、ハイヌヴェレと名づけられる。

祭りの夜、踊りの最中にハイヌヴェレは地面に掘られた穴に落とされて死ぬ。彼女の死体を切断して別々のところに埋めたところ、その各部分がさまざまのイモ類になり、それ以来、人間はそのイモを主食とするようになった。

話はまだ続くが、これは殺人の結果、人間が新しい食物を得るという話で、このタイプの話は世界の熱帯地方に広く分布している。

何か新しいものが生みだされるためには、死(殺人)が存在しなくてはならないことを、この神話は物語っている。生と死とのこのような微妙な関連性は、神話がお得意とするところである。

神々の世界は逆説に満ちている。死が再生へとつながっていく限り、神々の「殺人」の話は、創造の世界へとつながっていくように思われる。

神話を信じなくなった現代人は、これとは逆に、心の深層に生じる創造へのうずきに耐えられず、あるいは、まったく気づかないまま、人間の世界のなかで「殺人」という「事件」を起こしているのではないだろうか。

姦淫《かんいん》は何をもたらすか

人間の犯す悪のひとつとして、姦淫《かんいん》があげられる。先にゼウスは多くの女性と関係するが、これを「悪」と呼べるのかという疑問を提出しておいた。それはともかくとして、ゼウスの行為に対する彼の正妻ヘーラーの嫉妬は、実に激しいものがある。その物語は多くあるが、そのうちのひとつを紹介する。

ゼウスは人間の娘セメレーを愛し、セメレーは懐妊する。ところがそれを知ったヘーラーは嫉妬して、セメレーを欺き、ゼウスに彼がヘーラーに求婚したときの姿で自分のところにくるように求めさせる。

ゼウスはやむなく電光と雷鳴とともに戦車に乗ってあらわれ、その雷に打たれたセメレーは空しく焼け死んでしまう。もっとも、六ヵ月の胎児はゼウスが取りあげ、自分の太腿のなかに縫いこんで育てる(これがディオニューソスである)。

それにしても凄まじい嫉妬で、ヘーラーは奸計によって、セメレーを焼死させてしまうのだ。もっともディオニューソスは神となってから、セメレーを天上に迎え、神とするのだが、これほどの嫉妬を引き起こすゼウスの行為は「善」とは言いがたいだろう。

日本の神話にも嫉妬のテーマが語られる。オオクニヌシもゼウスのように、あちこちの女性のもとを訪れるのだが、オオクニヌシがヌナカハヒメとともに寝たことを知ったオオクニヌシの妻スセリビメは激しく嫉妬する。

オオクニヌシはこれに耐えかねて、出雲の国から倭の国へ逃げていこうとする。しかし、心残りがしたのか、片手を馬の鞍にかけ片足は鐙にかけたままで、歌を歌う。そのなかで、私がこうして去っていくと、スセリビメ、あなたは泣き悲しむだろうと、切々と訴える。

これに対して、スセリビメは歌で応えるのだが、歌い進んでいるうちに、

汝を除《き》て　男《を》は無し　汝を除て　夫《つま》は無し

と言い、最後は、

玉手さし枕《ま》き　百長《ももなが》に　寝《い》をし寝《な》せ　豊御酒《とよみき》奉らせ

となって、二人はめでたく仲直りをするのである。ギリシャと異なり、こちらのほうは「歌」という美的表現によって、嫉妬の感情が収まり、平穏が戻るのである。

「姦淫」に対しての考え方にも、このような文化差が認められて興味深いが、まったく異なる文脈で「姦淫」が生じる神話がある。それを紹介してみよう。

これはアメリカ先住民のナバホの神話である。そのなかにたびたび「姦通《かんつう》」の話が出てくる。ナバホの神話によると、ナバホの先祖は、第一の世界から第二、第三と移り第四世界において、はじめて人間が生まれてくるのだが、その間に何度も「姦通」が大事なテーマとして生じてくるのである。

ポール・ゾルブロッド著、『アメリカ・インディアンの神話――ナバホの創世物語』(金関寿夫・迫村裕子訳、大修館書店)に語られる、ナバホ創世のこみ入った話を簡略化して述べると、第一の世界には「空気の精の人々」と呼ばれる、人間とは言いがたいような「人」がいたのだが、「彼らは互いに姦通の罪を犯していたのだ。沢山の男に罪があるとされたが、それについては、女の方とても同罪だった」。

彼らは悪いと知ってやめようとしたがやめられず、結局、第一の世界にいられなくなって、空中に飛び立って第二の世界へ行く。そこには「ツバメ人」が住んでいた。

ナバホの先祖たちはツバメ人と話しあって、ともに住むことになった。「二十三日間、みんなで仲よく暮らした。ところが二十四日目の晩に、新来者の一人が、「ツバメ人」の酋長の妻と、ねんごろな仲になってしまった」

そこで酋長は怒り、みんなに出ていってくれと言った。そこでナバホの先祖たちは飛び立っていく。

第三世界に到達すると、そこには「黄色バッタ人」がいた。ここでも、まったく前と同様のことが起こる。つまり、二十四日目にバッタ人の酋長の妻と姦通する者があり、ここも追いだされるのだ。

このようにして、彼らは第四の世界に至り、ここでほんとうの「人」の誕生があるのだが、それは省略しておこう。ここで問題にしたいのは、なぜこのように「姦通」のことが繰り返し語られるか、という点である。

この話を、ナバホの先祖たちが第一の世界から第二、第三を経過し、第四の世界に到達したと考えると、第二、第三の世界を追われたことは、そこに安住することなくつぎの世界へ前進したと解釈することもできる。

その考えによると、「姦通」という悪は、民族がつぎの世界へと向かうための起爆力になっているとさえ言えるのである。

「悪」には常にこのようなパラドックスがあり、だからと言って「姦通」を善とすることなどはできないのだが、悪の持つ微妙な役割については知っておくべきだろう。これは先に、殺人が再生へとつながる限り、やはり悪のパラドックスが認められると述べたのと同様のことである。

ところで、『アメリカ・インディアンの神話』の著者、ゾルブロッドは、このナバホの起源伝説というか神話というかの物語の特徴のひとつとして、「暴力もなければ、闘争というほどのものもほとんどない」ことを指摘している。

ほかの文化の神話においては、暴力や殺人の話(再生につながるにしろ)が多いのに比して、これは際立った特徴と言っていいだろう。しかし、そのとき「姦通」の物語がこのように語られるということは、人間という存在は、創造の過程において何らかの「悪」を経験せざるを得ないのか、と思わせるものがある。

話は脇道にそれるが、私はかつてシェークスピアの『リチャード三世』とわが国の物語『我身にたどる姫君』を比較して、そのどちらもが、対立する二つの家が融和していく過程を描くのだが、前者のキーワードが「殺人」であるのに対し、後者は「密通」であることを指摘した(拙著『物語を生きる』小学館、のち岩波現代文庫)。

神話について述べたことと、このことはどこか符合するところがあるように思う。

目標に至る起爆力として「殺人」をとるか「密通」をとるかの選択の問題と言えるかもしれない。

盗みと自立

「盗み」ももちろん「悪」である。しかし、ここにもパラドックスが存在する。

ギリシャ神話で「盗み」というと、まず思いつくのはヘルメースではなかろうか。ヘルメースは生まれ落ちて、襁褓《むつき》に巻かれて寝かされていたが、そこを抜けだしアポローンの飼っていた一群の牛の一部を盗みだす。

このあたりいろいろおもしろい話があるが省略して、彼はつぎに亀を見つけて殺し、その甲羅に牛からとったガットを張って竪琴をつくる。

一方アポローンは苦労の末、牛盗みの犯人をヘルメースとつきとめ、彼の母親を責める。しかし母親は、襁褓に巻かれている赤ん坊のヘルメースを示して、そんなことは不可能だと言う。それでもアポローンはゼウスに訴え、ゼウスはヘルメースに牛をアポローンに返すように命じる。

アポローンはヘルメースのところに行くが、ヘルメースの竪琴を聴き、それと交換に牛を与えることになる。

なんとも早熟な盗人であるが、ヘルメースはギリシャ神話のなかの飛び抜けたトリックスターで、することなすこと逆説に満ちている。さすがのアポローンも形なしの様子である。

しかし、ここまでくると、人間としてはあまり学びとることができないほどの逆説のスケールである。

人間にも理解しやすい「盗み」のパラドックスは、プロメテウスの物語に語られている。

ゼウスが人間に火を与えなくなり人間が困っているときに、プロメテウスはゼウスに知られないように、大茴香《ういきょう》の茎のなかに、ヘーパイストスの鍛冶場の火を盗んで隠し、人間のところに持ち帰ってきた。このためにゼウスは大いに怒り、プロメテウスを罰することになるが、その話は省略する。

火は動物のなかで人間だけが使用するものである。したがって、火は文化のはじまりであり、人間がいかにして火を獲得したかは、多くの神話のなかの重要なテーマになっている。

そのなかで、誰かが神のところから火を盗んでくるという話は、プロメテウス型と呼んでいいほど、世界中にある程度の数が認められる。

これは、父親殺しほどの明確さはないが、やはり、「父なるもの」に対する反抗によってこそ、何か新しいものがもたらされる、ということを語っている。「盗み」はもちろん悪であるが、その象徴的な意味として、自立への志向が考えられる。

実際の臨床例としても、「盗み」をした人がどのような「自立」を試みようとしているか、と考えることによって、その人をよく理解できるときがある。あるいは、夢に出てくる「盗み」を、このような点から解釈することもある。

ここで、全知全能の神ゼウスは、実はプロメテウスの意図を知っていながら欺かれたのだ、などと考えてみるとおもしろいだろう。

人間の自立、および自立にともなう苦しみの必要性を知る者として、ゼウスは欺かれることを知る(あるいはそれを企画する)ということと、欺かれて怒る、という矛盾した性質を持っており、それだからこそ「父なるもの」の体現者となっている、と考えるのである。

悪のパラドックスを創造的に生かすためには、そこに矛盾を内包しつつ存在する「父なるもの」を必要とするのだ、などと考えてみるのもおもしろいであろう。

これらの組み合わせが少しでもずれると、盗みは単なる悪の事件になり下がってしまうのであろう。

真実を伝えるための嘘もある

嘘も「悪」である。モーゼの十戒《じっかい》のなかにも、先にあげた「殺人」「姦淫」「盗み」についで「偽証」があげられている。

「嘘をつくと閻魔《えんま》様に舌を抜かれる」ということを、われわれは子どものときによく言われたが、現在の子どもたちには、もう通用しないのではなかろうか。「嘘つきは泥棒のはじまり」のほうはいまもなお有効のようである。

ところで、日本人であれば「嘘も方便」は知ってもいるし、使用する人も多いのではなかろうか。

「方便」は仏教用語であるが、この言葉は仏様が言われたのではない。嘘のパラドックスは、実感している人も多いので、わざわざ言う必要もなさそうだが、ひとつ印象的な話を紹介しておこう。

前にも述べたが、日本の有名な天《あま》の石屋戸《いわやと》の神話である。スサノオの乱暴によって、アマテラスは天の石屋戸に籠ってしまう。世の中が闇に包まれたため神々は困って、なんとか出てきてもらおうと工夫をこらす。詳細は略すとして、よく知られているように、アメノウズメの踊りに神々はどっと笑い声をあげる。

石屋戸のなかのアマテラスはこれを不思議がり、世の中がまっ暗で困っているはずなのに、どうして神々は喜び笑っているのかと尋ねる。これに対して、アメノウズメは、「あなたよりも貴い神がおられるので、神々が喜んでいます」と言う。

これにアマテラスが驚いているときに、鏡をかざし、アマテラスがますますおかしいと思って出てくるところを神々がしめ縄を張り、元に戻れぬようにする。

ここで、アメノウズメの言った「あなたよりも貴い神がいる」というのは明らかに「嘘」である。明確に書かれてはいないが、アマテラスは鏡に映っている自分の姿を見て、それこそ自分より貴い神か、と思って驚いたのではなかろうか。

これによって、アマテラスがふたたびこの世に出てきて光が戻ったのだから、まさに「嘘も方便」である。

しかし、この話を単なる方便のこととして考えるのは少し残念な気がする。石屋戸に籠るまでのアマテラスと、その経験を経て出てきたアマテラスとでは、そのあり方が変化しており、まさに後のほうのアマテラスはそれ以前よりも「貴い」存在となったのではないか。つまり、アメノウズメは虚言《きょげん》を述べたのではなく、深い真実を告げていた、と考えるのである。

それでは、石屋戸以前と以後のアマテラスはどう変わったのだろうか。石屋戸に籠るまでのアマテラスはただ光り輝くだけの存在であった。天にあって最高の地位にあり、ただただ明るく輝いていた。

そのときにスサノオの侵入があった。スサノオが田畑の畔を壊したり、あちこちに糞をまき散らしなどしても、アマテラスはそれを善意に解釈してとがめなかった。しかし、アマテラスが機を織っているときに、屋根を破って馬を投げこみ、そこにいた機織女が驚いて、機の梭《ひ》によって陰上《ほと》をつかれ死亡してしまった。

このときに「天照大御神《あまてらすおおみかみ》、見畏《みかしこ》みて、天石屋戸を開きて、さしこもりましき」と『古事記』には書かれている。

アマテラスはスサノオの行為に立腹したためでも、そこから逃げるためでもなく、「見畏みて」石屋戸に籠ったのである。つまり、スサノオの侵入の体験はアマテラスにとって畏敬の念を起こさせるようなことであった。

光り輝く存在が、おそろしい受苦の体験を強いられ、それこそが彼女にとって必要なことであったのだ。

以上の話は『古事記』によるものだが、『日本書紀』の「一書曰《あるふみにいわく》」によると、アマテラスが石屋戸を出るときに、鏡が少し戸に触れて瑕がつき、「其の瑕、今に猶存《うせず》」と述べられている。つまり、鏡は瑕を受けてこそ、より貴くなると考えられ、前記のアマテラスの体験と符合するのだ。

アマテラスはただ光り輝く存在であり、女性としてはアメノウズメによって示されるような面に欠けていた。アメノウズメは女性の身体、性の重要性をもろに示している。

そのような面を取り入れ、受苦を経験し、傷を受けることによって、アマテラスは「より貴い神」に変化する。このように考えると、アメノウズメのひとことは、方便としての嘘であることを超えて、より深い真実を告げていることになる。

事実を記述するのは簡単であっても、真実を伝えるのはむずかしい。真実を伝えるために語る言葉を「嘘」と言ってしまうのは、一方的にすぎる感じがする。虚実の皮膜の間に真実が語られるのだ。

このように人間界において「悪」と呼ばれていることについて、神々の世界における様相を見てきたが、神々の世界では、それらは「薬」として用いられていることがわかった。これによって、世界は豊かになり深みを増す。

しかし、「薬」は使用法を誤ると「毒」になり、命を失うことにさえなる。神々の生き方を無自覚に人間に適用して事件を起こしていることは、あんがい多いのではなかろうか。

われわれ心理療法家のところには、善をなしたためにくる人はなく、ほとんどの人が何らかの「悪」との関連で来院されると言っていいのだが、それらを神々の生き方に照らしてみて、人間としての微妙なパラドックスの生き方を探るのが、心理療法家の役割というものであろう。

解説　「神話の知」の再生をめざして

鎌田東二

河合隼雄氏(一九二八―二〇〇七年)が亡くなって来年で丸一〇年になる。その間、年間自殺者数三万人はわずかに減少しているかに見えるが、しかしその一方で、一五歳から二四歳までの若年層の自殺率は毎年上昇し続けている。それは、多くの若者にとってますます生きづらい時代と国になってきているということを意味している。

それでは、どのようにすればこの生きづらさから解放されるのか？　もちろん、現代社会の生きづらさの原因は単純ではない。政治経済、教育文化はもちろん、家族関係、友人関係などの近しい者との人間関係も複雑多様に大きく影響し合っている。だから、どこから、どのように生きづらさの糸をほぐし、生きていく指針や活力を得るかも、多様で、見えづらくなっている。その複雑さにどこから手がかりを得てよいのか、よくわからなくなってしまう。

そのような折、「心の豊かさ、心の知恵が必要になる」(ⅳ頁)のだが、そんな時こそ著者は「生きるための深い知恵を学ぶ素材として、「神話」がある」(同)と教えてくれる。「生きるための深い知恵」を学ぶことのできる最高最深のテキストが「神話」である、と。なぜなら、「人間存在のもっとも根源的なことにかかわることが、神話に語られている」(同)からである。

だが、神話を読み解くのは簡単ではない。「「物語」は読むのに人間全体の力が要る」(v頁)のだ。神話読解には強靭な想像力が必要だ。しかも、「神話の読み解きは、人によってそれぞれ異なる」(同)。理解も解釈も一様ではない。たとえば、著者の専門領域で言えば、フロイトとユングの神話解釈は大きく異なる。フロイトの有名な「エディプス・コンプレックス」は、本書でも大変印象深く取り上げられているが、ギリシャ神話のフロイト的な解釈に拠っている。だが、「阿闍世コンプレックス」を提起した古沢平作はまったくそれとは違う神話と解釈を持ち出した。もちろん、錬金術やグノーシス主義を取り上げつつ「元型」論を展開したユングの解釈もまるで異なる。

とはいえ、「神話が人間に対していかに深い知恵を与えてくれるか、計り知れぬものがある」(vi頁)ことは事実である。一〇歳で『古事記』とギリシャ神話を読んで、以来五五年、ずっと神話を座右の書にしてきた私にとって、神話が示唆してくれるものは極めて深遠かつ有益である。

私は、宗教の三元素は神話と儀礼と聖地であると考えるものであるが、その神話は世界の成り立ちや人の来歴を物語る。私たちがこの世界(宇宙)の中で、なぜ、どのように存在するに至ったか、われわれはどこから来てどこに向かっているのかを物語る。それは、世界と人間の物語的説明と表現である。

それに対して、儀礼は、神話に基づき、神話と連動しつつ、神や霊などの超越的な存在世界との接触を果たし、この世界で生きていく活力や癒しを得る身体技法と表現である。そして、聖地とは、神聖な物語である神話が語られたり、儀礼が執行されたりする聖なる場所・空間である。そこは、聖なるものが示現し、立ち現れた場所でもあり、超越世界への孔・通路・回路・出入り口である。そのような聖次元へのチャンネルとなる場所が聖地である。

こうして、神話と儀礼と聖地を共通三元素として持つ宗教は、「聖なるものとの関係に基づくトランス(超越)技術の体系」であるといえる。世界の始まりを告げる創世神話には、宇宙や人類や文化の始まりが語られてきたが、人類はあらゆる事象に名付けを与え、物語的な説明を行ない、それによってこの世界の中の人間の位置と地位を確認していったのである。神話とは、そのような物語的自己確認・自己措定のいとなみであった。

著者自ら言うように、本書は「人間の心の理解に焦点を当てて神話を読む」(vi頁)ための入門書で、わかりやすくてヒント満載である。

神話から学ぶと言っても、単に神話解釈にのみ没頭するわけではない。自己分析や現代人の心の状態の洞察と神話物語とをうまく接続する必要がある。現代人の持つ「一般的不安の根本に「関係性喪失」ということがある」(三頁)と著者は指摘する。私たちは、「ふと気がつくと、自分はまったく何とも誰ともつながらず孤独」(同)である。

そんな関係性喪失や孤独を抱えている私たちに高尚な理念や理想はそのままでは力とも知恵ともならない。「「私を支えるもの」として、「世界の平和」とか「人類の幸福」などというありがたいものは、あんがい力にならない」(七頁)ということに、心理臨床の専門家の著者はとても深く気づいている。そこで、「「私の木」を見つけ」(八頁)る必要がある。臨床事例を通して、著者は、「林のなかを歩いているうちに直覚的に「私の木」が見つかり、それ以後は、一日に一度はそれに会いにいくことにしているし、そこから自分の人生も変わったように思う」(同)クライアントのことを紹介している。他の誰のものでもない「私の木」が「私」には必要なのである。そのような個別の小さな物語が私を支える。そして、そのような「ある人を支える物語というものは、不思議な普遍性を持っているもの」(同)である。

著者が指摘しているように、現代人の多くは「関係喪失の病」(九頁)にかかっている。そこでは、「科学の知と神話の知」(中村雄二郎『哲学の現在』岩波新書)のバランスが全く取れず、「科学の知」に占拠されているかのような状態である。「「科学の知」がどんどん「神話の知」を壊し、日本の現代人で、(中略)「関係喪失の病」に苦しむ人が多くなった」(一二頁)ということ。そして、「「神話の知」が消失することは、この世から「聖域」がなくなることにつながる」(同)ということ。

そんな、心の危機の時代に、「スイスの深層心理学者、カール・グスタフ・ユングはこのことを「おまえは、いかなる神話によって生きているのか。お前の神話は何か」という自分自身への問いかけとして感じた、と言っている」(一三頁)のである。その問いの普遍性と深さを肝に銘じたい。神話や宗教を学んでいる私には、著者の「心理療法家は何を頼りに仕事をしているのだろう。それは各人の無意識内に存在する「神話産生機能」に頼っている」(一四頁)という言葉はとても深く共感できるものだ。と同時に、その危険性についても、「オウム真理教の例でもわかるとおり、「神話の知」の持つ危険性については、心理療法家はよく認識しているべきである」(一五頁)ということも大変重要な指摘である。問題は象徴的思考の海に埋没してしまうと、夢と現実との繊細微妙な接続点や回路がよく見えなくなり、それがすべてと思い込んでしまって、切り分け、分析し、批判的に吟味する「科学の知」のはたらきが発動しなくなることである。要するに、そのバランス、「二河白道」の間の道を往くことが大切なのである。

「神話の知」について、著者は、「たとえば、現代の日本人の夢に出てきた大切なテーマが、古いケルトの昔話に見られる、というようなことがあっても不思議ではない」(一六頁)と例を挙げる。夢や元型など、集合的無意識の世界ではその象徴的思考の海はすべてつながっている。だからこそ、「古来からある「神々の物語」について知ることは、単に古い珍しいことを知るというのではなく、現在に生きる知恵をそこから引きだすことが可能になってくる」(同)のである。何よりも、「神々の姿は、人間の内的体験をあらわすのに適している」(二三頁)のだ。「人間の内的体験」の世界が物語として表出されているのが神話なのである。

その神話と私たちはもう一度上手に付き合わなくてはならない。「二十一世紀は一度否定し去った神話を、再生させるという課題を背負っている。このためにも、やはり神話を読み直してみることは必要である」(二四―二五頁)というわけだ。その付き合い方として、アメリカの著名な神話学者ジョセフ・キャンベルの考え方が紹介される。

「キャンベルは、「各個人が自分の生活に関わりのある神話的な様相を見つけていく必要があります」と言う。集団で共通の神話を持つ時代は終わり、各個人の責任と努力によって、自分の生き方における「神話的な様相」を見いだしていかねばならない」(二六頁)。

神話との付き合い方の具体的な例を挙げる。『旧約聖書』の天地創造神話は、いろいろな観点から読み解くことが可能である。「ここで、光の出現による光と闇の区別を、人間の「意識」のはじまりとして見ると、それは「神の言葉」によってなされ、その「言葉」は人間の理解可能な言葉である、と考えると、「意識」の成立についての「言語」の重要性が、これほど明快に示されている神話はほかにない、と思われる」(三六―三七頁)。光と闇の区別を人間意識の始まりと見ると、言葉で現象が名付けられ、切り分けられることの意味と力がよく見えてくる。また、その旧約聖書と日本神話とナバホ族の神話の比較もなされる。そこでは、「天地創造」型の神話だけではなく、「天地分離」型の神話も語られている。

「知」というはたらきに関して言うと、「人間は「知りたがり」の動物」(四六頁)であるが、「「知ること」は、人間にとって逆説的な性格を持つ」(四七頁)ために、「神話は一般に、「知ること」の危険について語るものが多い」(同)のである。

こうして、著者は慎重に神話の森の中に入っていって、森全体を眺め渡し、そのマップを手にし、頭に入れながら、一本一本の樹についてもその特色と意味を吟味していく。

「キリスト教においては、原罪という「罪」の意識が大切とされるが、それ以前に「恥」の感情が語られているのだ。それも「自然」の状態を恥ずかしいとし、そこから人は反自然の動きをはじめるのだが、そこには「原罪」という代償がともなうことになった」(五〇頁)、「「火」はいろいろと意味を持っているが、そのなかに「意識」ということがある。闇のなかでものを見ることを可能にする、つまり、「知る」ことに関連している。したがって、神話のなかで、「火」はきわめて重要な役割を持つ」(五三頁)、「ギリシャ神話では、神は人に火を与えることを拒んでいる。英雄プロメテウスがあえて火を盗んでくるのだが、このために彼は、(中略)大変な苦しみを背負うことになる。／これに対して、日本では、神が自らの身を犠牲にして、火を与えてくれるのだ。偉大なる母は、何でも子どものために与えようとするのだ。／ここで、「火」を意識の象徴として見て、「知る」ことにかかわるものとするならば、『聖書』、北欧神話、ギリシャ神話に示されてきたような、「知る」ことによる苦悩は、日本では神が背負って、人は何の苦しみもなく、それを受けとるだけになっている。／こんな話がほかにあるだろうか。これは日本人の「甘え」の根本にある物語と言っていいかわからない」(五四―五五頁)などと。

また、『旧約聖書』の天地創造神話が日本に移入されて、隠れキリシタンの『天地始之事』という神話に翻訳されると、そこでは「「原罪」は消滅する」(六〇頁)のである。それぞれの地域性や国柄によって、神話にもさまざまな変型やバリエーションやバージョンが生まれてくるのだ。たとえば、日本的特色として、女神信仰・母神信仰の強さが挙げられる。「太陽を女神とするのは、世界でも非常に少なく、私の知る限りでは、アメリカ先住民のイヌイット、チェロキー、ユチなどに見られるだけである。これを見ても、日本の神話において、太陽が女神であることの重要さがわかるであろう」(七二―七三頁)と。だが、その場合でも、「日本の日の女神のアマテラスは、母―娘のサイクルから出てきたのではない。彼女は「父の娘」なのである。詳しいことは略すとして、アマテラスは父親のイザナキの左の目から生まれてきたのだ。／彼女は母を知らない女性である。したがって、アマテラスの姿は単純に女性の優位性を示しているのではない。女性と男性のバランスの上に立っているのだ」(七八頁)という特色を持つ。そして、日本神話の「割り切らない」知恵について、注記が喚起される。

他にも、河合日本神話論として有名になった「中空構造論」やスサノオ・トリックスター論が縦横に論じられる。トリックスターとは、「文明のそもそものはじめから、特別に、また永遠に訴える力と、人類にとっては珍しい魅力とを持った人物」(一二八頁)であり、「創造者であって破壊者、贈与者であって反対者、他をだまし、自分がだまされる人物」(同)である。その「トリックスターの自在性、両義性」(一三五頁)に目をやりながら、それが「思春期というのは、トリックスターの時期」(一四一頁)と指摘されるように、ライフ・サイクルに絶妙に接続し重ね合わせられる。そこに、思いがけない「生き方のヒント」、人生の観方が提示される。また、象徴的な次元での「父殺し」や「母殺し」や「怪物退治」の意味や機能が解き明かされる。悪や罪(原罪)についての神話とその解釈についても根源的な示唆を与えてくれる。

私が大変重要と考えているのは、人間と動物との関係である。著者は言う。「人間はほかの動物とは異なり、人間は高等で動物は下等であり、両者の区別は画然としている、というのが現代人の考えである。しかし、神話の語るところは、これとまったく異なっている。それについて考えてみよう。／動物は深い知恵を持っており、それは人間の考えを超えるときがある。人間は動物に「学ぶ」ことによってこそ、新知識を獲得したり、危険から逃れたりできるのだ。このようなことを示す物語は神話のなかに満ちている」(一四四頁)、「現代こそ動物の神を必要としている」(一五〇頁)、「人間は生きていくためには、ほかの生物の生命を奪わねばならない。そのことをどう解釈するかは実に大きい問題である。それについて、原初の時代のこれらの神話は、なかなかみごとな答えを用意してくれている。／これによって、人間は動物を殺して食べるのであるが、そこには感謝と畏敬の念があり、乱獲や無益な殺生が避けられるのである」(一五四―一五五頁)と。

多くの神話には動物や自然に対する深い「感謝と畏敬の念」に基づく生態智(自然に対する深く慎ましい畏怖・畏敬の念に基づく、暮らしの中での鋭敏な観察と経験によって練り上げられた、自然と人工との持続可能な創造的バランス維持システムの知恵と技法)が表現されていることの現代的意味と未来可能性を著者は洞察する。人間だけが特別で、何でもしてもいい、何でもできる、という思い上がりや「慢」(傲慢・高慢・ヒュブリス)を神話は厳しく戒めている。何百年にわたる人類史において神話が生まれ、語り継がれ、その中で説かれる禁忌と侵犯と破局の意味を嚙みしめるためにも、私たちはさらに深く切実に「神話の知」や「神話の心理学」に分け入っていかなければならない。仏典の「如是我聞」ではないが、河合隼雄氏没後一〇年のメッセージの一つをそのように聞いた。

(宗教哲学者・上智大学グリーフケア研究所特任教授)

〈物語と日本人の心〉コレクション 刊行によせて

岩波現代文庫から最初に河合隼雄のコレクションとして刊行されたのが『ユング心理学入門』『ユング心理学と仏教』などを含む〈心理療法〉コレクションである。それは心理療法を専門としていた河合隼雄の著作で最初に取り上げるのにふさわしいものであろう。またそれに引き続く〈子どもとファンタジー〉コレクションも、河合隼雄の重要な仕事である子どもに関するものと、ユング心理学において大切なファンタジーという概念を押さえている。しかし心理療法を営む上で、河合隼雄が到達した自分の思想の根幹となるキーワードは「物語」なのである。それに従って、本コレクションには、『昔話と日本人の心』と『神話と日本人の心』という主著が含まれている。

心理療法においてセラピストはクライエントの語る物語に耳を傾ける。しかしそれ以上の意味で河合隼雄が「物語」を重視するのは、心理療法において個人に内的に存在するリアライゼーションの傾向に一番関心を持っているからである。リアライゼーションとわざわざ英語を用いるのは、それが「何かを実現する」ことと「何かがわかる、理解する」の両方の意味を持っているからである。そして物語に筋があるように、理解しつつ実現していくことが物語に他ならず、だからこそ物語が大切なのである。小川洋子との最晩年における対談のタイトル『生きるとは、自分の物語をつくること』は、物語が何であるかを如実に示している。

物語は河合隼雄の人生の中で、重要な意味を担ってきた。まず河合隼雄は小さいころから、豊かな自然に囲まれて育ったにもかかわらず、本が好きで、とりわけ物語が大好きであった。興味深いのは、物語は好きだったけれども、いわゆる文学は苦手であったことである。小さいころや若いころに心引かれたのはもっぱら西洋の物語であったのに、このコレクションでは〈物語と日本人の心〉となっているように、主に日本の物語が扱われている。戦争体験などによって毛嫌いしていた日本の物語・神話に向き合わざるをえなくなったのは、夢などを通じての河合隼雄自身の分析体験がある。そして日本で心理療法を行ううちに、日本人の心にとってその古層となるような日本の物語の重要性を認識せざるをえなくなったことが、多くの日本の物語についての著作につながった。

本コレクションの『昔話と日本人の心』は、それまで西洋のユング心理学を日本に紹介するスタンスを取っていた河合隼雄が、一九八二年にはじめて自分の独自の心理学を世に問い、そして昔話から日本人の心について分析したものである。大佛次郎賞を受賞し、心理学の領域を超えて河合隼雄の名声を揺るぎなきものにしたものとも言えよう。これと並び立つのが、『神話と日本人の心』で、一九六五年に英語で書かれたユング派分析家資格取得論文を四〇年近く温め続け、そこに「中空構造論」と「ヒルコ論」を加え、二〇〇三年に七五歳のときに執筆したある意味で集大成となる作品である。

物語に注目するうちに、河合隼雄は日本人の心にとっての中世、特に中世の物語の重要性に気づいていき、それに取り組むようになる。『源氏物語と日本人――紫マンダラ』と『宇津保《うつほ》物語』『落窪《おちくぼ》物語』などの中世の物語を扱った『物語を生きる――今は昔、昔は今』は、このようなコンテクストから生まれてきた。

それに対して『昔話と現代』と『神話の心理学』は、物語の現代性に焦点を当てている。『昔話と現代』は、既に〈心理療法〉コレクションに入っている『生と死の接点』に分量的に入れることのできなかった、第二部の「昔話と現代」を中心としていて、先述の追放された神ヒルコを受けていると河合隼雄が考える「片子」の物語を扱っている章は圧巻である。『神話の心理学』は、元々『考える人』に連載されたときのタイトルが「神々の処方箋」であったように、人間の心の理解に焦点を当てて様々な神話を読んだものである。

このコレクションは、物語についての河合隼雄の重要な著作をほぼ網羅している。ここに収録できなかったので重要なものは、『とりかへばや、男と女』(新潮選書)、『日本人の心を解く――夢・神話・物語の深層へ』(岩波現代全書)、『おはなしの知恵』(朝日新聞出版)であろう。合わせて読んでいただければと思う。

このコレクションの刊行にあたり、出版を認めていただいた小学館、講談社、大和書房、および当時の担当者である猪俣久子さん、古屋信吾さんに感謝したい。またご多忙のところを各巻の解説を引き受けていただいた方々、企画・チェックでお世話になった岩波書店の中西沢子さんと元編集長の佐藤司さんに厚くお礼申し上げたい。

二〇一六年四月吉日

河合俊雄

本書は二〇〇六年七月、大和書房より刊行された。

〈物語と日本人の心〉コレクションⅣ
神話の心理学——現代人の生き方のヒント

2016年12月16日　第1刷発行
2021年10月25日　第2刷発行

著　者　河合隼雄《かわいはやお》

編　者　河合俊雄《かわいとしお》

発行者　坂本政謙

発行所　株式会社　岩波書店
〒101-8002 東京都千代田区一ツ橋 2-5-5
案内 03-5210-4000　営業部 03-5210-4111
https://www.iwanami.co.jp/

印刷・精興社　製本・中永製本

ISBN 978-4-00-600347-0　　Printed in Japan

岩波現代文庫創刊二〇年に際して

二一世紀が始まってからすでに二〇年が経とうとしています。この間のグローバル化の急激な進行は世界のあり方を大きく変えました。世界規模で経済や情報の結びつきが強まるとともに、国境を越えた人の移動は日常の光景となり、今やどこに住んでいても、私たちの暮らしは世界中の様々な出来事と無関係ではいられません。しかし、グローバル化の中で否応なくもたらされる「他者」との出会いや交流は、新たな文化や価値観だけではなく、摩擦や衝突、そしてしばしば憎悪までをも生み出しています。グローバル化にともなう副作用は、その恩恵を遥かにこえていると言わざるを得ません。

今私たちに求められているのは、国内、国外にかかわらず、異なる歴史や経験、文化を持つ「他者」と向き合い、よりよい関係を結び直してゆくための想像力、構想力ではないでしょうか。

新世紀の到来を目前にした二〇〇〇年一月に創刊された岩波現代文庫は、この二〇年を通して、哲学や歴史、経済、自然科学から、小説やエッセイ、ルポルタージュにいたるまで幅広いジャンルの書目を刊行してきました。一〇〇〇点を超える書目には、人類が直面してきた様々な課題と、試行錯誤の営みが刻まれています。読書を通した過去の「他者」との出会いから得られる知識や経験は、私たちがよりよい社会を作り上げてゆくために大きな示唆を与えてくれるはずです。

一冊の本が世界を変える大きな力を持つことを信じ、岩波現代文庫はこれからもさらなるラインナップの充実をめざしてゆきます。

（二〇二〇年一月）